Mis Gordas Memorias
GORDAS

MARY VIVAS

Mis Gordas Memorias
GORDAS
Historias escondidas bajo los pliegues de la obesidad

Mary Vivas

Mary Vivas

Mis gordas memorias gordas
Año de publicación: 2018
2da edición 2021
© Del texto del libro: La autora

Escrita por: Mary Vivas
ISBN: 978-1-7337111-4-2

Género: Bienestar, salud, nutrición, motivación.

Página web: www.maryvivas.com
Email: hola@maryvivas.com
Instagram: @maryvivas.oficial
Twitter: @maryvivasbooks
Facebook: @maryvivas.oficial

1era. Edición y diagramación: Massiel Alvarez y Juan Navidad
2da. Revision: Joaquin Pereira - @joaquinpereira @casadeescritor
Fotografía de portada: Mariana Díaz mariana@hgabstudios.com
Modelo: Yoli Mayor
Diagramación y maquetación: www.hacheholguin.com (Colombia)
Coordinación editorial: andreaherrerabook@gmail.com (Colombia)

Todos los derechos están reservados. Se prohíbe la reproducción de esta obra, el almacenamiento en sistemas informáticos y la transmisión en cualquier forma o medio de comunicación sin permiso previo y por escrito del titular de la autora.

Dedicado a...

A ti,
que en algún momento te atas
con lazos de compasión
para luego desatarlos,
transformando esta acción
en fuerza, vida y felicidad.

Para ti,
que cualquier condición
de tu cuerpo, mente o espíritu
se convierte en un trampolín
para salir adelante.

Agradecimiento

A mi amado Dios.
Al Dr. José Manuel Pestana, porque su conocimiento, profesionalismo y destreza, lo convirtió en un ángel, y con eso, me regaló una nueva vida.
A mi esposo, por los "upa-upa" cada día, ese abrazo y esa mano incondicional y por creer siempre en mis sueños.
A mis hijos, por escogerme como mamá y enseñarme cada día.
A mis nietas, que son las protagonistas en esta nueva etapa de mi vida.
A mi familia, por ser a veces una familia loca, particular, querida e incondicional.
A mi tío Marcos, por buscarme en las noches de lluvia en la oficina, por acompañarme y cuidarme camino a la casa.
A mi querido Simón, por ser un fiel compañero y escuchar en silencio todo el proceso de la realización de este libro.
A Massiel Alvarez, por haber aparecido de la nada, para estar en el todo de este, mi primer sueño literario.
A esta bendecida Vida que Dios me ha regalado.

Prólogo

Mary Vivas, novel escritora a quien conozco desde hace muchos años, es una persona muy espiritual y con una energía increíble. Siempre tiene una palabra de aliento y de cariño para quienes la conocen.

En esta oportunidad nos trae su primer libro *Mis Gordas Memorias Gordas*, donde nos cuenta las experiencias vividas durante las épocas más difíciles de su vida padeciendo una enfermedad llamada Obesidad Mórbida y a quien ella, en su búsqueda, identificó como una adicción. Es importante aclarar que la persona con tal enfermedad no es adicta a ganar peso corporal sino adicta a comer a toda hora grandes cantidades de comida, al punto de afectar su movilidad y salud gravemente. En esta obra podremos sentir en carne propia lo que padecen las personas con sobrepeso, además podremos ser testigos de cómo los momentos desagradables en su vida cotidiana pueden por conveniencia ser transformados en momentos agradables; aunque en lo más profundo reposa un sufrimiento que marca para siempre su existencia. En éstas letras, Mary con valentía nos revela los complejos y traumas durante su infancia, adolescencia y adultez, sintiéndose avergonzada por su apariencia. Ésta es sin duda alguna una obra de alto contenido motivacional y trae consigo una gran enseñanza para el lector. Nunca es tarde para sanar y salir de algún círculo vicioso que te mantenga atado, infeliz y enfermo. Te aseguro que si te lo propones, con la ayuda de expertos que faciliten el proceso, el soporte de la familia, voluntad y disciplina, lograrás llevar una vida más saludable.

A través de la lectura de este libro, muchos podrán sentirse identificados con algunas situaciones que la autora comparte y al mismo tiempo despertar ante la posibilidad de aceptar la obesidad como algo normal. Esta no es una opción saludable y nunca lo será, por el contrario, acelera el deterioro absoluto de la salud en cualquier ser humano. Espero que todo aquel que lea este libro lo disfrute tanto como yo y recuerde que con la ayuda profesional y la fuerza de voluntad puede lograr lo que tanto anhela.

RICHARD LINARES
Entrenador oficial del Miss Venezuela
Motivador- Conferencista y Preparador Físico

Recordar tu pasado puede ser bueno;
te hace reflexionar acerca de lo vivido
y recuperar lo positivo
de la experiencia.

Mary Vivas

Al rescate de lo positivo

Hola, soy Mary y estoy ¡más VIVA que nunca! He venido a contarte mis gordas memorias gordas. Han pasado unos cuantos años desde que nací y según la opinión de mi madre, fui una bebé con un peso "normal". Sin embargo, a medida que iba creciendo llegué a tener la convicción de que poseía dos nombres, uno era el del bautizo y el otro -por el que más me llamaban-, el que marcó mi vida para siempre: "GORDA". Así empezaron los años en el colegio, donde eran comunes las burlas, siendo afectada por lo que hoy se conoce como "Bulling". Muy pronto me di cuenta que esto no sólo me pasaba a mí, sino también a los otros gorditos de la escuela. Para nosotros era normal ser objeto de burlas, chistes y comentarios desagradables. Cuando digo "nosotros" es porque de alguna manera nuestras características físicas nos separaban de aquellos que tenían menos peso. Yo me adaptaba o pasaba la vida tratando de no prestar atención a esa situación; si me afectaba, no lo expresaba; pero por mi condición de gordita siempre estuve en la mira de los que me rodeaban.

Fueron muchas las vivencias, algunas traumáticas, otras no tanto. Incluso puedo recordar situaciones muy divertidas que me salvaron de la tristeza y la frustración, al ver mi apariencia redonda y mi mente ansiosa por comer, a toda hora.

Por medio de este libro he decidido regresar al pasado y rescatar lo positivo de cada experiencia. Hay cosas que nunca pude decir y me las tragué sin poder digerirlas. Desde mi corazón y sin ningún orden cronológico compartiré anécdotas literalmente "llenas" de las emociones y los recuerdos que alimentaron cada una de mis gordas memorias gordas.

Ojalá algunas de estas historias cortas, pero sentidas, puedan ayudar a alguien que todavía no se atreve a liberar el peso de alguna situación o condición grabada en su memoria.

Mi profesor, el burro y yo

Una de las clases que más odiaba era la de gimnasia, debíamos usar pantalones cortos, elásticos y bien ajustados. Salir al patio del colegio era un suplicio, así que casi siempre era la última en hacerlo, ya que me sentía cual bandera: ancha y larga. Intentaba siempre estirar mi pantalón corto hasta las rodillas, ya que la irritación y el enrojecimiento que causaba el roce de mis piernas era cada vez más notable. Me ardía tanto que trataba de caminar con las piernas abiertas, como un payaso de circo. Recuerdo un día en que al profesor se le ocurrió la brillante idea de llevar un cajón de madera, al que se le iban agregando piezas tipo gavetas para darle altura. A ese monstruo -cajón, caja o vaina- le decían "el burro". El reto consistía en correr e impulsarte en una especie de trampolín colocando las manos y saltando por encima del bendito burro con las piernas abiertas. Para cumplir esta misión, el profesor nos organizó en fila, yo por supuesto estaba tan nerviosa que comencé a transpirar; me sudaban las manos, los pies y todo lo demás. Siempre me colocaba de última en la fila rogando que sucediera algo que me salvara de lo inevitable. La procesión avanzaba rápido y sin pensarlo ahí estaba yo, inmóvil, aterrada, esperando que el profesor me indicara con señas que había llegado mi turno. La inocencia infantil hizo que la niña en mí se atreviera, se arriesgara y se lanzara, haciendo uso del instinto de supervivencia; con tal de salir de la situación lo más rápido posible. Recuerdo que corrí a toda velocidad, salté en el trampolín, cerré los ojos y caí de barriga sobre el bendito burro. Quedé sin aire, casi sin sentido y lo único que retumbaba en mis oídos eran las ruidosas carcajadas de mis compañeros haciéndome volver a la realidad. El burro seguía ahí y yo encima de él.

Sin poderme levantar todavía, fui abriendo lentamente los ojos y alcancé a distinguir la silueta de mi profesor acercándose para ayudarme. Sentí que él hacia un esfuerzo sobrehumano, primero por contener la risa y segundo para mover mi pesado cuerpo. Enseguida sentí sus manos sujetando mi cuerpo y llevándome con mucho cuidado al pequeño muro de concreto que serviría como asiento. Sentados ahí, mi profesor se convirtió en el príncipe de los cuentos, ese que viene a rescatar a la princesa y a salvarla de los malvados.

Yo -la gordita adolorida que aún no salía de su vergüenza-, escuchaba con admiración las palabras mágicas:

-¿Cómo te sientes? ¿Qué te duele?

Hasta ese momento no recordaba que a alguien le haya importado lo que me sucediera.

Todavía extasiada alcanzaba a escuchar la siguiente pregunta:

-¿Quieres que te lleve a la enfermería?

Casi de forma automática le di la respuesta que me llevaría a tomar la decisión más grande de mi vida.

-¡No, primero muerta que herida!

De inmediato me incorporé y volví a donde estaba mi grupo. Eso sí, desde ese día quedé locamente enamorada de mi profesor de gimnasia.

La bendita dieta

Esta anécdota -como muchas otras- nunca las contaba en mi casa, tenía claro que si decía algo lo más seguro es que me dijeran: "Tienes que hacer dieta, porque estás muy gorda". Desde la niñez la palabra "Dieta" era parte de mi rutina diaria, fácilmente la escuchaba dos o tres veces al día. No entendía exactamente cuál era el significado etimológico, científico o cultural de la diabólica, espeluznante e indeseable palabra. Lo único que sabía era que tenía que esconderme para comer un riquísimo helado, una barra de chocolate, un dulce, un sabroso plato de espaguetis, otra cucharada de arroz, otra rebanada de pan, o cualquier cosa que se me antojara. Eso era dieta para mí: comer a escondidas.

Tenía muy claro que si me escondía para comer algo y no me descubrían, nadie empezaría con cantaletas o críticas de lo que debería o no comer. Sin embargo, después de disfrutar con tanto gusto ese "gran pecado" me sentía tan culpable y triste que siempre terminaba llorando, sin que nadie me viera.

Lo increíble es que ese sentimiento todavía me persigue. A medida que pasaban los años, el tema de la comida se fue convirtiendo en un problema. Todo lo que me gustaba estaba prohibido, a menos que fueran ensaladas, verduras y vegetales, que para mi gusto tenían un sabor horripilante. No había forma de saborear con agrado unas hojas de espinaca, un pepino con sal o una ensalada con aceite y vinagre.

Cuando estábamos reunidos, observaba el comportamiento de las personas al comer y me molestaba como a los niños delgados no les prohibían comer la cantidad que quisieran. Pensaba que ser gordo era una maldición que teníamos algunas personas. Desde niña todo lo relacionado con el ejercicio físico lo vi con rabia. A pesar de eso, siempre montaba bicicleta, patinaba y saltaba la cuerda, para poder participar en los juegos con mis amigos y así no caer en la burla de ser débil y gorda. Cualquier esfuerzo físico o juego era como subir a una montaña muy grande con un saco de cemento en la espalda. Esta situación fue cambiando cuando me di cuenta que además de lo físico la personalidad también era importante.

La frase "Los gorditos son muy simpáticos" comenzó a tener sentido en mi cabeza y rápidamente la convertí en una estrategia para socializar. Desde esta perspectiva emergió otra parte de mí, es decir, la otra yo.

Trataba siempre de ser amigable, causar una buena impresión y tener la palabra oportuna para que dijeran: "¡Qué gordita tan simpática!".

Recuerden que el nombre de "Gordita" era mío, en todo momento y lugar. Mi lucha interna era aparentar que no tenía complejos con la gordura; trataba de vestirme con piezas que disimularan mis rollitos en la barriga y excesos de grasa en las piernas y brazos, aunque en el fondo sabía que estos "defectos físicos" no se disimulaban ni con Photoshop.

Todos los días pensaba que debía hacer algo con mi gordura, eso no me dejaba ser feliz, aunque trataba de que no lo notaran. La inseguridad acerca de mi apariencia estaba muy dentro de mí e iba conmigo a todas partes.

La sorpresa de mi vestido azul

Cuando nos invitaban a un evento especial, ahí sí, como decía mi abuelita, "empezaba cristo a padecer".
Comenzaba a hacerme las preguntas de rigor:
-¿Qué vestido me voy a poner?
-¿Será que puedo adelgazar antes del evento?

En ese mismo momento hacía un compromiso conmigo misma de no comer lo que me engordaba. Sacaba la cuenta de los días que me faltaban para adelgazar antes del evento, y también del peso que necesitaba perder para que la ropa me quedara bonita.

Ese mismo día hacía un menú de comidas y horarios. De la comida sana escribía lo que más o menos me gustaba y por supuesto iban incluidos días de premios, por buen comportamiento y cumplimiento de la supuesta dieta.

Así pasaba los días comiendo, entre engaños conscientes e inconscientes.

Entonces llegó la hora de salir a comprar lo que me pondría para la gran fiesta. En esta ocasión pude conseguir un vestido color azul marino, que disimulaba un poco el ancho de mi cuerpo y los rollos de mi cintura. ¡En tiempo récord me medí cinco vestidos!

Esto era un gran triunfo, en comparación con épocas anteriores cuando el mismo proceso de escoger un vestido podía tomar muchos días y cantidades inagotables de diferentes tipos de ropa. Esta vez lo hice un poco más rápido de lo normal. Por supuesto este logro lo atribuí al gran sacrificio del régimen alimenticio que había inventado para mí.

En lo que llegué a la casa, me probé el vestido nuevamente para que mi hermana lo viera y me diera su visto bueno. ¡A ella le encantó! Cuando me lo quité, fui a colgarlo en el closet y por simple curiosidad busqué otro vestido que me había comprado un año antes para el matrimonio de un primo. ¿Cuál sería mi sorpresa? El bellísimo vestido azul que acababa de comprar era una talla ¡más grande!

Es decir, el régimen alimenticio que había creado para mí no me había servido para nada, por el contrario había aumentado de peso.

En ese momento volví a sentir una gran frustración, pero como ya había conseguido el hermoso vestido azul, el compromiso conmigo misma de continuar el régimen alimenticio quedó en el olvido y como por arte de magia pasé a una zona de relativa tranquilidad y comodidad. Una zona mental donde me refugiaba, aunque fuera por poco tiempo.

Como era de esperar, a partir de ese momento detuve todo lo que tuviera que ver con el propósito de adelgazar. Cada vez que algo así me sucedía, se doblegaba mi fuerza de voluntad y terminaba comiendo un riquísimo plato de espagueti acompañado de una bebida gaseosa bien fría, pan tostado con mantequilla y un suculento chocolate como postre.

El hallazgo del vestido azul duró lo que el agua entre los dedos. Lo lucí como una reina aquella noche, pero siempre recriminándome el haber aumentado de talla.

Una niñez anti sugar free

Cuando era niña, dentro de mi mundo alimenticio no existían las palabras ligero -*light*-, libre de grasa -*fat free*-, bajo en grasa -*low fat*-, sin azúcar -sugar free-, grasa reducida -*fat reduce*.

En ese tiempo, ni siquiera había cuadros nutricionales, contenidos calóricos o etiquetas de esas que hoy por hoy son obligatorias para comercializar los alimentos, y sirven para orientar e informar a las personas acerca de lo que se está llevando a la boca.

Para mí todavía sigue siendo una información difícil de entender. Aun sabiendo que va dirigida a todo tipo de personas, yo la tomo como que va directamente para "los gorditos".

Es de conocimiento general que a pesar de los avances sobre contenidos nutricionales, actualmente hay muchos más niños y adultos sufriendo de obesidad. Sin embargo, es un tema extenso en el que no ahondaré con estadísticas o referencias bibliográficas. La idea no es hacer un análisis científico o comparativo del tema de la obesidad.

Mi propósito es ir más allá y desnudar los rollitos emocionales desde mi propia experiencia, como ser humano, en un cuerpo con sobrepeso. Hay algo que puede sonar muy cruel, pero no deja de ser real, desde mi punto de vista: La mente de un obeso difícilmente cambia. De una forma u otra, siempre estamos pensando en la comida.

Una Celestina encubierta

Muchos tomamos el amor, la lealtad y la amistad como estandarte en la vida. Podría hablar de otras virtudes, pero en este momento menciono éstas para conectarte con mi experiencia. Viví muchas situaciones donde la lealtad, la amistad y la solidaridad prevalecieron ante cualquier circunstancia, incluso puedo asegurar que por momentos fueron más importantes que mis propios sentimientos.

En varias ocasiones el muchacho que me gustaba venía a pedirme ayuda o consejo para conquistar alguna de mis amigas. De inmediato me convertía en celestina y consejera facilitando el trabajo de Cupido.

Debo decir que era muy exitosa, ya que siempre lograba que terminaran en pareja, aunque yo me sintiera mal por dentro. Me amarraba el corazón, lo ponía a un lado y ayudaba para que se concretara el idilio. Acto seguido, llegaba a la casa llorando y pensando que tenía que hacer dieta. El muchacho de mis sueños jamás se fijaría en una gordita como yo, por más simpática que fuera. Me repetía una y otra vez que todo era culpa de la gordura.

Bueno, tampoco puedo decir que nunca tuve novios, ¡claro que tuve mis amorcitos!, fueron más de cuatro y escogidos por mí. Reconozco que tenía mi lado hermoso: bellos ojos y un corazoncito noble que sintió e hizo sentir amor a algunos muchachos. Pero debo confesar que siendo adolescente hubo temporadas en las que por sentirme pasada de peso no me animé a tener ninguna relación sentimental.

Mi querido amigo el gordito

Cuando tenía alrededor de once años tuve un amigo gordito como yo. Nos unía un cariño muy profundo, llegamos a considerarnos primos y de esa manera nos presentábamos. Nos sentíamos tan bien juntos que el adoptó a mis amigas como sus amigas y siempre nos acompañaba a todas partes. Cuando salía de su colegio pasaba por mi casa y si yo había terminado las tareas se sentaba en la escalera de la entrada a casa para conversar conmigo. Podíamos pasar gran parte de la tarde hablando sin que nadie nos molestara o preguntara por nosotros. Desde que lo conocí siempre me llamó la atención que no saludaba a ningún amigo. Si por casualidad lo hacía era de lejos y casi sin ningún tipo de emoción.

Aprovechando un día que estábamos solos le pregunte sobre esto:

-¿Tú no tienes amigos?

Bajó la mirada, y con vergüenza, me respondió:

-Te lo digo porque sé que no vas a pensar mal de mí. Nunca he tenido amigos, y ahora que te tengo a ti menos los necesito.

Me comentó que era muy difícil para él tener una amistad con algún chico, ya que desde pequeño era objeto de burlas entre los niños. Me dijo además que conmigo y con mis amigas no tenía que esconder su frustración y rabia por ser gordo. Cuando tuvo la ocasión de pertenecer a algún grupo, siempre lo agarraban de chanza y burlas.

Le decían: "Tienes más grasa que cerebro", "A las niñas no le gustan los gordos", "Nadie te quiere por ser gordo", "En vez de sudar botas grasa para freír unos huevos".

Así como esas, sufría un sinfín de crueldades más. Me impresionaba la habilidad de los niños para crear insultos y burlas de este tipo. De mi amigo puedo decir, que si antes de ese día lo quería muchísimo, después de esta confesión lo quise mucho más. Creció en mi corazón un sentimiento de protección hacia él. Quería defenderlo de todos y entendía lo que llevaba por dentro. Todos y cada uno de sus sentimientos los conocía. Yo los había vivido en carne propia y si alguien lo entendería esa sería yo.

Siempre fue mi amigo del alma, lo recuerdo como una de las personas más nobles que he conocido: Sincero, chistoso, súper agradable, buen amigo y confidente. Con los años, por cosas de la vida, me mudé a otra ciudad y no nos vimos más. En esa época no existían los celulares y perdimos el contacto. Más tarde me enteré que mi amigo el gordito lamentablemente nunca pudo superar su baja autoestima y tratando de llenar el vacío que sentía por dentro escogió la peor manera. Cayó en el abismo de las drogas. Mi querido, bello y leal amigo murió. Sí, murió muy joven. Murió como consecuencia de una enfermedad originada por las inyecciones infectadas que usaba para drogarse. Es una historia muy dolorosa y quizás un poco injusto, pero él lo escogió así.

Desde que nacemos contamos con la capacidad de ir construyendo la vida que queremos vivir. Todo dependerá de la actitud para asumir los retos que se presentan. Eso me recuerda el dicho que reza: "Si del cielo te caen limones, aprende a hacer limonada".

¿Cómo es que se llama esa gripe?

En ocasiones cuando visitaba a alguien que se enfermaba de una simple gripe, uno de los comentarios que escuchaba era: "¡Con esta gripe, hasta se me quitó el hambre!".

Eso me asombraba y me causaba cierta envidia, ya que a mi nada me quitaba el hambre. Si me quedaba en casa -sola o enferma- dibujaba un camino reiterado entre mi cuarto y la nevera. Era un recorrido que podía hacer hasta con los ojos cerrados.

Sin importar como me sintiera -con fiebre alta, dolor de garganta, dolor en las extremidades- nada me impedía pararme. La fuerza del deseo por comer era mayor que cualquier cosa.

A veces sentía que la nevera me llamaba. Caminaba hacia ella y se abría la puerta como en el cuento de *Alí Babá y los cuarenta ladrones*. Me quedaba allí contemplando todo lo que había dentro de ella, todo lo que podía comer sin restricciones cuando estaba sola en casa. Todo me provocaba comerlo. Estar enferma nunca me hizo bajar de peso, como a otras personas. Esto me hacía pensar que definitivamente no era normal, ya que no me sucedía lo que a la gente normal le pasaba.

La más visible de todas las adicciones

Desde niña me sentí diferente al resto y eso me hizo desarrollar ciertas actitudes ante la vida. Me convertí en la defensora *del pueblo*. Siempre trataba de estar de buen humor y sonriente ante los demás mostrando disposición para colaborar en todo lo que me indicaran. Evitaba hablar en público, siempre tratando de no llamar la atención. No soportaba que se burlaran de mí o de cualquier persona en mi presencia. Trataba de parecer simpática, pero fuerte y decidida. No permitía injusticias y menos conmigo. Aunque nunca pude evitar que me dolieran los desplantes y las humillaciones. Cuando salía de mi casa, mentalmente me rodeaba con una coraza para aparentar dureza y así evitar que me vieran afectada por algo.

En mi adolescencia, me fui tornando observadora e intuitiva. Me gustaba analizar la conducta de las personas que tenía alrededor. Aprendí a escuchar y a aconsejar. Si alguien venía a pedir mi ayuda acerca de algo que no supiera lo investigaba hasta dar con la respuesta. Muchas veces me dejaba llevar por mi intuición. Fui desarrollando una sensibilidad especial hacia lo que sentían las personas y en muchos casos lo que les aconsejaba funcionaba. Esto me sorprendía y en secreto admiraba mi hazaña.

En cierta ocasión leyendo el artículo de una revista me llamo la atención que muchas de las características que yo había adquirido y desarrollado eran las características atribuidas a los adictos. Así que cada día me convencía más de que era gorda por ser adicta a la comida. Comencé a identificar mis emociones y a reconocer el rechazo que la sociedad irónicamente había colocado sobre mí y sobre todos aquellos que lucían como yo.

Lo que sentía era similar a lo que sienten los adictos a las drogas o el alcohol. Incluso igual a la discriminación que padecen los enfermos de sida o los homosexuales. Me sentía marcada, diferente y en cierto modo castigada dentro de mi propio cuerpo. La obesidad es la adicción más visible de todas. El cuerpo nos delata a primera vista y por eso lo percibes inmediatamente cuando entras algún lugar público. Es difícil pasar desapercibido entre la gente; no importa si es un parque, un aeropuerto, un restaurant o tu propia casa. Es imposible que no fijen la mirada sobre ti. Algunos te ven con desprecio y otros con lástima. Algunos se animan a comentar acerca de tu gordura. En el momento más inesperado, eres el foco de atención, aunque el horrible protagonismo sólo dura segundos, estos parecen eternos.

En otras palabras, es como un debut y despedida, ya que casi de inmediato la gente vuelve a enfocar su atención en otra cosa. Puedes estar sentado al lado de alguien con alguna otra adicción y no darte cuenta, pero estar al lado de un gordo es demasiado evidente como para no notarlo.

Un pequeño desliz

Estando ya casada, en una ocasión fui con mi esposo a un restaurante y el pasillo de la entrada estaba mojado, pues acababa de llover. Con mucho cuidado fui caminando y en eso ¡Zas!, me resbalé, caí, y creo que hasta reboté.

En ese momento mi esposo -experto en la materia de caídas- me ayudó a levantarme de un jalón y yo actué como sugería mi suegro: "¡Levántese, que no la han visto!".

Me incorporé rápidamente y miré hacia todos lados para confirmar si alguien se estaba riendo. Entiendo perfectamente que es normal reírse ante un evento como este. Nada más recrear la escena para contarla en este libro, me ha dado un ataque de risa. Sin embargo, puedo asegurar que la caída de una persona gorda y otra de una delgada no generan la misma reacción: Ver caer a un gordo causa más gracia.

Cuando una persona gorda se cae, siempre saldrá de la situación de la forma más digna posible. Para esto hay una regla: se le hace creer a todos que no ha pasado nada, así sientas que te rompiste cuerpo, alma y espíritu; luego te incorporas usando lo más sólido que tengas alrededor y después comienzas a reírte, al compás de los demás.

Para levantar a un gordo se necesita mucha ayuda y muchas personas para lograrlo. En cambio, cuando eres delgado, te levantas de un brinco, te sacudes y listo.

Tomando sol desde la alcantarilla

Un día estábamos mi esposo y yo de vacaciones en una isla. Caminábamos por el centro de la ciudad y caí dentro de una alcantarilla. Lo único que se me veía era la cabeza. Hasta el día de hoy, no logro entender cómo pudo mi cuerpo caber completo en un espacio como ese. Recuerdo esta anécdota y todavía me río muchísimo.

En lo que caí, comencé a llamar a mi esposo. Él iba caminando delante de mí. De inmediato volteó hacia atrás buscándome, pero como no lograba encontrarme.

-¿Dónde estás, que no te veo? –preguntaba.

-¡Estoy aquí abajo! –le grité desde la alcantarilla.

Al ver que estaba casi enterrada hasta el cuello y lo único que se me veía era la cabeza, la cara de mi esposo parecía un poema. No sé si por los nervios o por bromear, la pregunta que me hizo nunca se me podrá olvidar:

-¿Mijita, qué haces ahí?

En ese momento estaba atrapada, confundida y sentía mucha rabia.

¿No me ves? ¡Tomando el sol! –fue lo que le respondí.

Él, preocupado, se acercó para ayudarme. La situación se tornó complicada ya que al tratar de sacarme, no podía conmigo. Comenzamos a reírnos por lo que estaba pasando y eso empeoraba las cosas.

En poco tiempo, se acercó un señor que pasaba por el lugar y de inmediato ofreció ayudarnos. Con su buena intención, trataba de hacer todo lo humanamente posible por sacarme del hueco en el que había caído. Puso en práctica una estrategia, que consistía en contar hasta tres y halar. Cada vez que empezaba a contar, mi esposo y yo sin querer nos reíamos, producto de los nervios; pero el señor muy serio, seguía haciendo su parte con esfuerzo. Este héroe desconocido halaba con tanta fuerza que su cara se ponía roja como un tomate y eso no nos dejaba colaborar con su labor de rescate. Pasaron unos cuantos minutos, hasta que al tercer intento de contar y halar salí.

Fue un momento muy gracioso, pero a la vez muy vergonzoso. Éste es uno de los episodios de mi vida que no recuerdo con rabia, sino con risa.

El terror de la silla plástica

Las sillas plásticas son el enemigo número uno de una persona gorda. Son las más endebles, estrechas y las que más abundan. Pareciera que se reproducen solas, las hay por todos lados: en los parques, fiestas familiares, salones de fiestas y consultorios médicos.

En una ocasión estábamos en una fiesta infantil y un amigo nuestro -también gordo- esperaba que estuviéramos todos reunidos para animar la fiesta con su repertorio de cuentos y chistes. Casi nunca se sentaba. Siempre declamaba y contaba chistes, de pie.

En esa oportunidad agarró una silla plástica que tenía cerca y se sentó. De inmediato todos nos dimos cuenta que era una mala decisión. Al sentarse, vimos con horror que las patas de las sillas empezaron a ceder y él ni cuenta se daba, ya que estaba muy entusiasmado con su cuento de turno.

No nos dio tiempo avisarle lo que sucedía y en un segundo estaba desplomado en el piso, sobre los pedazos de silla. Todo el mundo se acercó a ayudarlo; pero lo increíble del caso es que, entre risas y grandes esfuerzos, nadie lo podía levantar. Él -nervioso y avergonzado- intentó levantarse solo y fue imposible. En la algarabía del momento, todos nosotros nos reíamos sin parar. La escena como siempre, era inevitablemente divertida.

Afortunadamente en esa época no había celulares, porque esas fotos o videos hubiesen sido los más populares del día, del mes y del año. A partir de ese día comenzó mi terror por las sillas de plástico. Cada vez que las veía era como ver a mi peor enemiga. Si no había opción, prefería quedarme de pie con algún pretexto.

Aunque las sillas fuesen de madera o hierro, el espacio del asiento siempre lo veía muy pequeño. Muchas veces me costaba sentarme y hacía un gran esfuerzo para no quedarme atascada, pero al levantarme inevitablemente me venía con silla y todo pegada en el trasero.

La casa de los vampiros

También libré grandes luchas con otro de mis enemigos, el "espejito, espejito", a quien trataba de evitar al máximo, para no ver la imagen que reflejaba.

En una ocasión fue un primo de mi esposo a visitarnos y pasó varios días en casa. Una tarde, sentados tomando café me preguntó:

-¿Ustedes son vampiros?

Me sorprendió esa pregunta tan poco usual y en medio del asombro le respondí con otra pregunta:

-¿A qué vampiros te refieres?

-Es que no tienen espejos en ningún lugar de la casa –me respondió-, como en las películas de vampiros.

Reí por la ocurrencia, pero me dejó pensando.

A medida que pasa el tiempo te vas dando cuenta de cuánto te pueden afectar los complejos y los miedos. Además te acostumbras a vivir con ellos, sin siquiera notarlo.

Con esta idea me la comí dos veces

En temporada de vacaciones escolares, fines de semana y días festivos, siempre íbamos a visitar a mi abuela y a mi tía. Sus casas estaban una al lado de la otra y se comunicaban por el jardín. Era como estar en dos casas unidas por un gran patio. Para mí era como tener una súper casa, con acceso a dos cocinas, dos comedores, muchos cuartos y muchos baños, es decir todo doble. Aunque realmente eran dos familias con normas y horarios diferentes. Como dice el refrán: "Juntos, pero no revueltos".

Un día se me ocurrió un plan perfecto. La idea era que si quedaba con hambre en una casa, luego iría a comer en la otra sin que nadie se diera cuenta. Todo el mundo feliz, sobre todo yo.

En casa de mi abuela se comía a las 6:00 pm y en la de mi tía a las 6:30 pm, media hora de diferencia.

La costumbre en mi país, Venezuela, era cenar con una gran variedad de alimentos como, avena, bollitos de masa de maíz, arepas hechas de trigo o de maíz -fritas o asadas-, pan tostado, café con leche, huevos fritos con jamón y queso.

Mi plato preferido era la arepa rellena; para los que no la conocen, la arepa es como un pan asado o frito, hecho de harina de maíz, que se abre para rellenar con lo que quieras. En la mesa colocaban queso, mantequilla, jamón, jamón endiablado y yo podía escoger el relleno que quisiera. ¡Era un banquete!

En la mesa siempre estábamos supervisados por un adulto. No permitían que nos sirviéramos más comida de lo debido, según ellos. Teníamos que comernos todo lo que estaba en el plato, ya que era "pecado" dejar o botar comida, había muchos niños en el mundo pasando hambre y nosotros éramos privilegiados en tener comida en la mesa. Manipulación total.

Aunque para mí era ideal, confieso que todavía esas palabras resuenan en mi mente y el sentimiento de dolor aflora ante la idea de dejar comida en el plato o peor aún botarla. Después de tener todo fríamente calculado, acerca de la dinámica de la cena, la hora y las reglas de cada casa, decidí seguir adelante con mi plan perfecto: Comer en casa de mi abuela a las 6:00 pm, siempre puntual. Luego recoger mi plato de la mesa, colocarlo en los trates para lavar, salir de ahí e irme a la casa de mi tía a las 6:30, para estar puntual cuando empezaran a servir la comida.

Mi tía muy querida me abría un espacio en la mesa y podía cenar otra vez. Lo logré por algunos días. Lamentablemente ese grandioso e inteligente plan no me duró mucho. Me imagino que en algún momento mi abuela y mi tía deben haber hablado acerca de mi "puntualidad" en ambos lugares.

Un día, en plena ejecución de mi plan, a las 6:00 de la tarde ya estaba cenando en casa de mi abuela; ella por supuesto me dejo comer lo que quisiera y hasta me sorprendió que no pusiera límites en las cantidades que podía servirme. Le di las gracias, recogí mi plato y me fui muy contenta a las 6:30pm para la otra cena. Cuando iba en camino a la otra casa, escuché a mi abuela, quien en voz alta y muy clara le decía a mi tía: "¡Para allá va la niña y ya comió aquí!".

Me quede paralizada, o mejor dicho, di vuelta en mis propios talones cómo aturdida por lo que escuchaba. Me senté a ver televisión en casa de mi abuela tratando de no pensar en lo que acababa de suceder. Mi plan había fracasado.

Desde ese momento entendí que mi brillante idea ya no funcionaría más. Ahora tendría que aprender a controlar la ansiedad y volver a comer sólo una cena al día. Quizás el nuevo plan sería tomar más agua para engañar a mi estómago hasta que se sintiera lleno.

Sacando provecho de las vacas flacas

Mi madre fue madre soltera, con tres niños. Mi padre sólo se limitaba a darle el soporte económico que le estipulaba las leyes, y eso era lo único que recibíamos de él. Sin embargo, por lo que recuerdo y analizando muchas cosas de mi niñez, sé que mi madre hacia magia para mantenernos y alimentarnos en los días donde la comida no abundaba.

Hubo muchas situaciones difíciles que mi mamá supo disfrazar haciéndonos creer que todo estaba bien para que no nos diéramos cuenta de los momentos de escasez. Para lograrlo, intentaba que todo pareciera divertido y nos decía cosas como: "Hoy vamos a comer papitas fritas y le voy a dar un premio a quien se lo coma todo".

Nos hacía literalmente una montaña de papitas fritas con salsa de tomate y la servía en platos hondos. Comíamos tanto que terminábamos con la panza inflada. Estas celebraciones y concursos eran frecuentes y se hacían con lo que hubiese en casa. El asunto era comerse todo lo que mi madre consiguiera para ese día. Es así como nuestros súper platos a veces estaban llenos de avena caliente y leche, perros calientes, pasta con salsa de tomate y arroz con huevo fritos. Recuerdo además una lata de galletas saladas colocada en el centro de la mesa, porque podíamos tomar de ella y comer la cantidad que quisiéramos. Así transcurrieron muchas de mis cenas familiares, donde todo parecía abundante, aunque no lo fuera.

Me encantaba ir con mi madre al supermercado, pero a ella no le gustaba que la acompañara. Yo me antojaba de todo. Sé que a ella le hubiese gustado poder complacerme, pero era imposible, y yo siempre terminaba frustrada y muy enojada.

Hoy en día cuando voy al supermercado quiero comprar de todo, paseo como si estuviera en una tienda de ropa. Cuando digo que sólo voy a comprar una cosa, en el fondo sé que es mentira, siempre regreso a casa con el carrito lleno. Tengo mis tácticas para corregir ese conflicto de comprar cosas que realmente no voy a necesitar.

Primero, no voy con hambre. Segundo, voy con una lista y trato de cumplirla. No compro nada que no deba, ya que estoy convencida que lo indebido -dulces, galletas, helados, etc.- tienen una voz interna que me quiere dominar. Sí, esa que me llama desde la despensa o nevera y me dice ¡Come!; y yo hipnotizada sigo la voz, me levanto y me lo como todo de una vez, para no tenerme que levantarme e ir varias veces.

El strech o estrés de mi talla

Mientras cursaba la escuela secundaria tenía un grupo de amigas que a veces me invitaban a salir de compras. Esta actividad como muchas otras no era tan agradable para mí. La jornada que se suponía sería divertida siempre se convertía en un suplicio y aunque inventaba mil excusas para no ir al final siempre accedía a la petición insistente de que las acompañara.

Mis amigas, cuando llegábamos a la tienda, me sacaban la ropa que, según ellas, eran igualitas a mí. Ellas veían el diseño y yo la talla. No sé si me veían con ojos de cariño o es que para ellas era imposible que alguien fuese de talla grande o extra grande; siempre me sacaban tallas medianas y a mí me daba vergüenza decirles que esa talla era muy pequeña para mí. Insistían en que me probara la ropa para vérmela puesta. Ahí comenzaba mi suplicio, ya que medírmela era una odisea, sabiendo de antemano que no era mi talla y que mi cuerpo no entraría ahí. Disimuladamente daba una vuelta y trataba de conseguir algo igual o parecido de una talla más grande. Entraba al vestidor con mucha ropa, pero sólo me probaba una o dos cosas.

También les decía que mi mamá no había podido darme dinero -esto era cierto- y así me escapaba del compromiso de comprarme algo de una o dos tallas menos. Aunque confieso que llegué a hacerlo en algunas ocasiones.

En mi época desde la talla 10 en adelante ya se catalogaba como *talla para gordas*, creo que todavía es así. Alguna vez leí una revista que hablaba de Marilyn Monroe y decía que ella era talla 14. Considerando la fama que tuvo como símbolo sexual, yo hubiese querido ser talla 14 con ese cuerpo y ser tan atractiva como ella.

Mi aumento de peso se hizo más notable y difícil de disimular. A medida que pasaba el tiempo, fui aumentando de la talla 10 a la talla 30 en pantalón. De las tiendas regulares, pasé a ser cliente del departamento para mujeres con mucho peso y gran tamaño. En mi caso, había otro elemento en contra, ya que tenía mucho peso y poca estatura. Todo me quedaba bien de ancho, pero extremadamente largo, cual taponcito de corcho. Me sentía mal, era como tener un impedimento físico. Empecé a darme cuenta de que no podía tapar el sol con un dedo. Yo era diferente tanto física como mentalmente.

Todas las emociones que me albergaban -tristeza, alegría, entusiasmo, desesperanza rabia o frustración- estaban relacionadas con la comida y no podía controlarlo. Al final, terminaba comiendo la comida más grasosa o lo que más contenido de azúcar tuviera. Era como un saboteo inconsciente y destructivo contra mi cuerpo. A este punto no lograba entender por qué, pero la sensación era horrible.

Llenos de amor

Cuando mi esposo y yo nos conocimos estábamos gorditos. Siempre recuerdo que por allí decían "El amor te hace ver más linda". Basado en esto, a pesar de mi gordura, él me veía preciosa.

Él también tenía sobrepeso y yo lo veía espectacular. Efectivamente, uno se ve con los ojos del amor. Nos compenetramos cada día más, ya que nos sentíamos en confianza. Sabía que él había pasado por momentos amargos por ser gordo desde niño y eso nos hacía sentir identificados.

Una vez me confesó que nunca le gustaron las mujeres gorditas. Decía que para gordo, él. Que nunca se casaría con una gorda. Sin embargo, cuando me conoció y empezamos a salir como amigos empecé a gustarle y con el paso del tiempo se enamoró de mí, por mi forma de ser.

No fue nada fácil para mí comenzar una relación, pero él con su amor, comprendió mis complejos, mis frustraciones y siempre estuvo dispuesto a ayudarme. Si empezaba la dieta me apoyaba y si la dejaba también. Nunca me puso ninguna traba y jamás me dijo nada de mi gordura, así como yo tampoco a él. Llegamos a pesar él 220 kg y yo 142 kg, ¡De grasa y también de mucho amor!

Un, dos, tres a comer otra vez

Recién casados, mi esposo y yo frecuentábamos restaurantes tipo buffet -este sistema en el que comes la cantidad de ensalada que quieras por un precio módico.

A veces nos reuníamos con amigos y yo le decía a todo el mundo que me encantaba ir allí porque podía comer grandes cantidades de ensalada. Lo que nunca les dije es que las ensaladas contenían un poquito o casi nada de lechuga, pero sí altos contenidos de pasta fría, garbanzos, diferentes tipos de queso y papas asadas. También, para variar, estaban los aderezos cremosos y nada ligeros. A los ligeros y sin grasa les pasaba la vista por encima. Comía feliz y de allí salía sin cargos de conciencia, ya que para mí estaba comiendo súper sano.

Los restaurantes tipo buffet abundan en todas partes del mundo y cuando iba de vacaciones eran el sitio de reunión predilecto para los encuentros con grandes grupos de amigos. Cuando mi esposo y yo entrábamos al lugar, creo que en más de una ocasión, a los mesoneros les debe haber pasado por la mente cobrarnos el doble, no tanto por lo que comeríamos sino por el ancho de nuestros cuerpos.

En este tipo de restaurant, la mayoría de las personas sin complejo se levanta dos o más veces a servirse más comida. ¡Ah!, pero si eres un gordo y te levantas más de dos veces, hasta en la misma mesa con tus familiares o amigos empiezan los comentarios: "Oye, ¡deja para los demás!", "¡Que se apuren los demás, ya que se van a quedar sin comida!".

Empiezan hacer chistes graciositos a expensas de los gordos de la mesa. Muchas fueron las veces que no me levanté una segunda vez a servirme comida para evitar el mal rato.

En esta vida sí te alimento

En una ocasión mi esposo y yo fuimos a ver a un astrólogo para hacernos una carta natal. El hombre comenzó pidiendo los datos personales y luego mientras hablaba dibujaba en un papel símbolos que parecían jeroglíficos. Nosotros no entendíamos nada de lo que hacía, él iba explicándonos algunas cosas y seguía rayando sobre la hoja de papel unos círculos y triángulos de colores. Al parecer esto representaba un mapa completo del pasado, presente y futuro en la vida de mi esposo. Permanecíamos callados y muy atentos durante la sesión. El astrólogo con el aire místico que lo caracterizaba mirando a los ojos nos dijo:

- Ustedes han estado juntos en otras vidas. Esta no es la primera vez que son pareja. Aparte de pareja han sido padre e hija, madre e hijo y hermanos.

Al escuchar esto, la cara de mi esposo era un poema y a mí me causo mucha risa, creo que fue por la impresión.

El astrólogo veía que en una de esas vidas mi esposo había sido muy egoísta y me había dejado pasar muchísima hambre.

No salíamos de nuestro asombro y conteníamos la risa, para que aquel hombre no pensara que nos estábamos burlando de lo que decía. De repente hubo silencio y mi esposo comentó:

- ¡Ah! ¡Es por eso que estás gordita, mi amor! En esta vida te estoy pagando lo mal que me porté, por eso te engordé y te alimenté en abundancia.

Al ver mi cara, que de risas casi pasaba al llanto, agregó:

- No te pongas así, es que en esta vida volvimos a encontrarnos para poder complacerte, comprarte lo que te gusta comer y llevarte a todos los restaurantes que se te antojen. Es por eso que en esta vida te pusiste hermosa, no gorda, ¡hermosa!

Salimos de ahí sin entender nada de lo que el astrólogo había dicho, pero felices y más unidos que nunca. Sin duda, es verdad que el amor te hace ver linda ante los ojos de quien te ama.

La odisea íntima
En un viaje de 135 kilos

Hubo un tiempo en el que tuve tanto sobrepeso que apenas me podía agachar para amarrarme los zapatos. Trataba de comprar zapatos sin trenzas intentando facilitar el proceso. Mis rodillas y pies hinchados sonaban como bisagras de puerta viejas sin aceitar. Ir al baño era una odisea, casi no alcanzaba para limpiarme ya que los brazos, antebrazos y manos no llegaban hasta donde se necesitaba. Bañarme y secar mis partes íntimas era una misión casi imposible.

Me convertí en una persona muy olfativa y escrupulosa, eso me hacía que estuviera súper pendiente de cualquier olor que sentía cerca de mí. Revisaba los pliegues de mi piel constantemente. Me volví obsesiva en el uso de toallas húmedas para evitar al máximo que los rollos de piel acumularan la acidez del sudor y la grasa.

Nadie imagina lo desagradable que puede ser una experiencia como ésta, salvo aquellos que vivimos atrapados bajo una capa de 135 kilos.

Mary Vivas antes y después del Bypass gástrico

Mary Vivas presentando el libro Mis gordas memorias gordas *(2018)*

Mary Vivas (2016)

Nelson Vivas y Mary Vivas (2019)

Mary Vivas (2016)

Presentación de Mis gordas memorias gordas *en Orlando Florida (2018)*

Reportaje del periódico "El Nacional" de Republica Dominicana, presentación de Mis gordas memorias gordas *(2018)*

Nelson Vivas y Mary Vivas (2009)

*Nelson Vivas y Mary Vivas días antes de operarse,
peso de Mary Vivas 300 Libras (2004)*

Mary Vivas (2004)

Nelson y Mary Vivas (2004)

¡Qué rico comer por dos!

Cuando cumplí 18 años se me cumplió el sueño de salir embarazada de mi primer bebé. En ese momento, después de muchas dietas, pesaba 55 kilos, un peso casi adecuado a mi estatura. Estaba feliz y me sentía realizada.

En este tiempo de mi vida abrigué dos emociones que de alguna manera me liberaban del sufrimiento, por mi condición mental de sobrepeso. La ternura y felicidad de tener un hijo dieron sentido a mi existencia. Por otra parte, sentía que tenía permiso para poder comer por los dos. Ya no más cargos de conciencia después de comer. Todo estaba permitido, incluso podría ser grande y gorda sin complejos. Podía sentirme orgullosa de mi redonda y hermosa apariencia. Se volvió muy oportuna la creencia de que los antojos durante el embarazo, debían ser complacidos, porque según decía mi abuelita, si esto no se hacía, el bebé saldría llorón. Así que bajo esa premisa, había que complacerme en todo y cuando digo todo, es todo. La consecuencia de esto fue catastrófica; en menos de nueve meses subí más de veinte kilos y me diagnosticaron pre-diabetes.

Mi doctor muy preocupado me llamaba la atención, pero lo manipulaba con cara de tristeza hasta hacerlo sonreír. Me sugería que comiera lo que quisiera, pero no todos los días. Lo que él no sabía es que para una persona como yo eso era imposible. Para mí no existían las medias aguas, para mí no había color gris.

Mi embarazo de alto riesgo y mucho peso continuó, hasta que llegó el momento del parto. El médico decidió no exponerme a un trabajo de parto y autorizó una cesárea. Con el aumento de peso que tuve en tan poco tiempo era de esperarse que el bebé naciera con un gran peso y tamaño, pero no. El bebé solo pesó 2 kilos 900 gramos y si a eso le sumamos el peso de la placenta podríamos entonces darnos cuenta que el resto de mi peso lo gané por todos los excesos en los que incurrí. Afortunadamente todo salió bien y mi primogénito vino al mundo a llenarme de alegría.

Durante casi tres meses, después de salir del hospital, seguí usando ropa materna. Cuando mi bebé cumplió cuatro meses de haber nacido, regresé al peso que tenía antes de quedar embarazada. Comenzaba otra vez mi lucha diaria contra la ansiedad por comer, seguida de la preocupación por mi apariencia. A todo esto le agregué mi nueva preocupación de ser una buena madre para mi hijo.

Traté mil formas de contener mi consumo de harina, grasa y azúcar. Diariamente repetía en mi mente que no volvería a consumirlos. Mis esfuerzos fueron inútiles. La frustración se apoderaba de mí. Siete años más tarde quedé embarazada de mi segunda bebé. Esta vez la experiencia fue diferente, inicié la dulce espera con un peso de 70kg. Mi tiempo de gestación fue complicado, con malestares estomacales que me causaban vómito continuo y aumentos en de presión arterial.

El cuerpo seguía creciendo, pero mi bebé no era la causa. La niña que crecía dentro de mí luchaba por quedarse en un pequeño espacio hasta que llegara el momento de nacer. Fue un embarazo de alto riesgo, con contracciones frecuentes y falsas alarmas de parto. Fueron treinta y cuatro largas semanas anidando a mi bebé, quien anticipadamente se apresuró a salir antes de las cuarenta semanas.

El médico decidió practicar una cesárea para evitar cualquier riesgo adicional y así traer al mundo a mi pequeña niña. Aunque llegó pequeñita y con bajo peso, mi mentalidad obesa rápidamente tomó cartas en el asunto y necesité poco tiempo para convertir a mi retoño en una bebé gordita y consentida.

Cuando buscar empleo es un trabajo de peso

Cumplir con el requisito de la apariencia personal cuando vas a buscar empleo es un trabajo difícil. Especialmente cuando sientes que la autoestima ha mermado, al punto de no querer mirarte en un espejo, ni por casualidad.

Después de derrumbar el closet y no encontrar nada que te haga lucir bien, antes de renunciar, tratas de convencerte, sin éxito, que sin importar lo que lleves puesto debes vestirte con buena actitud. Cuando finalmente te dispones a salir a una entrevista de trabajo le preguntas hasta al perro si luces bien. En lo que entras al lugar que esperas sea tu próximo sitio de trabajo, lo primero que haces es poner tu mejor sonrisa para que solo se fijen en tus dientes, y eso si es que tienes una bonita dentadura; porque si no la tienes debes arreglártelas con el mejor atributo que tengas. El cabello, las manos, las uñas, los ojos, lo que sea que tengas bonito. Haces malabares e improvisas estrategias para llamar la atención en esa dirección, de manera que no enfoquen su atención en tu cuerpo.

Ruegas que no te suden las manos y le pides a Dios que cuando te manden a sentar la silla no sea de plástico y que además quepas en ella. Cuando hablo de esto, no exagero. Los nervios en una entrevista de trabajo se multiplican, al punto de querer correr, pero no puedes porque eres gordo y tus movimientos son lentos. Y qué decir si para rematar tu entrevistador o futuro jefe tiene apariencia de atleta o fisiculturista. En el primer momento te das cuenta que te ve disimuladamente "horrorizado". Trata de no verte mucho a la cara, casi se entierra en el papel que le acabas de entregar, te hace unas preguntas y seguidamente te dice que la hoja de vida está muy bien, que calificas dentro las cualidades y experiencias que buscan, pero que necesitan entrevistar a dos personas más. Así que hay que esperar una llamada, que no hará, para dejarte saber su decisión. Con eso ya sabes que "te jodiste" y por experiencia, sabes que, eso es un no rotundo y disimulado.

Durante la búsqueda de empleo, me di cuenta que cuando me entrevistaba una mujer todo era diferente. Parecía que no le importaba si eras gorda, flaca, bonita o fea. Definitivamente, en muchos de los casos puedes ser muy inteligente, muy preparada, pero la apariencia es muy relevante en todos los casos.

Todo lo que he contado lo viví, ya que trabajé por mucho tiempo con un bellísimo y atlético jefe, que me contrató por que recibió una recomendación de su querida esposa, que a su vez era una gran amiga de mi vecina. Luego con el tiempo me enteré que al llamarlo le dijo que yo era la indicada para el trabajo, le gustara o no.

Al día siguiente de la entrevista el mismo jefe me llamó, a la semana siguiente estaba trabajando; fija, sin período de prueba ni nada. Nunca hice quedar mal ni a la esposa de mi jefe, ni a la vecina. Tan buena fue mi experiencia con ellos que aun después de mucho tiempo sin trabajar juntos seguimos siendo grandes amigos.

Una extensión, por favor

Cuando mi esposo y yo viajábamos en avión, pedíamos que nos asignaran un asiento de por medio. Aclaro que eso lo lográbamos cuando el avión iba vacío; en el caso contrario, nos tocaban asientos pegados. Era una tortura viajar así. Teníamos que subir los apoyabrazos de los asientos, pero aun así no cabíamos. Los aviones están diseñados con asientos para gente delgada, pero para los altos y los gordos no. Cuando logras entrar en el espacio asignado y sin querer te sientas sobre el cinturón de seguridad, aunque lo hales con toda la fuerza del mundo éste no sale. Para sacarlo hay que levantarse y empezar el procedimiento de nuevo. Cosas simples para las personas delgadas se vuelven una pesadilla para los que tenemos sobrepeso.

Muchas veces después que lograba tener en las manos las puntas del cinturón de seguridad, por más que halara hasta sentir calambres en el estómago por el esfuerzo, al tratar de cerrar me daba cuenta que era muy pequeño para mí. No me quedaba más remedio que llamar al sobrecargo o aeromoza y casi en susurros pedir una extensión para el cinturón de seguridad. Después de eso, me sentía avergonzada al verlo venir por el pasillo con la mano en alto, ondeando la extensión del cinturón cual bandera patria. Qué momento tan desagradable, cuando sientes los ojos de los pasajeros sobre ti. Volteaba a ver con disimulo la cara de asombro ligada con horror del pasajero acompañante. Era la misma cara que pone la gente cuando le toca sentarse en un avión al lado de una mamá sola y con dos niños pequeños.

Muchas personas no son condescendientes con quien tiene alguna condición física. En una ocasión, escuché como un pasajero le pedía a la aeromoza que le consiguiera algún asiento en otra fila. Te sientes horrible, casi como una cucaracha gigante. Nadie debería ser humillado de esta forma, pero hay casos en los que te sientes culpable por tu condición, aunque parezca inofensiva, ya que te lastima a ti e incomoda a los que te rodean. Te invade un sentimiento de culpa y surgen las preguntas: ¿Por qué tengo que ser gorda? ¿Por que como más que los demás?

Los equipajes con peso

Mi esposo y yo recibimos una invitación para ir a una pequeña isla del Caribe. Nosotros como los *boys scouts* siempre listos y dispuestos, preparamos maletas y nos fuimos. Sin contar que el traslado desde la ciudad hasta la isla era en un avión pequeño tipo chárter, en el que sólo caben como diez personas. Si viajar en uno grande es una odisea, ¿te imaginas en uno tan pequeño? En esos aviones sientes que tú eres parte de la hélice del motor o parte del tren de aterrizaje. ¡Vas casi montado encima del piloto! Así nos sentíamos mi esposo y yo. Éramos los únicos gordos del grupo. Al empezar el abordaje todos los demás pasajeros se veían muy cómodos y relajados; para nosotros la situación era diferente. Sin embargo, ya estando ahí, nos dejamos llevar por el momento y mi esposo, siempre tan ocurrente, me dijo:

- Mi amor, tranquila que sólo nos queda rezar para que esta vaina no se caiga.

Ya sentados y con las extensiones de nuestros cinturones muy bien asegurados -debo aclarar que mi esposo y yo habíamos comprado nuestras propias extensiones, para no tener que pedirlas cada vez que viajáramos en avión- el piloto se dispuso a darnos las instrucciones de vuelo explicando que llegaríamos a nuestro destino en aproximadamente veinte minutos. En ese momento sentí un gran alivio ya que pensé que sería más rápido de lo que me imaginaba. Casi de inmediato seguimos escuchando la voz del piloto: "Estimados pasajeros, estamos listos para despegar".

El pequeño avión comenzó a moverse hacia la cabecera de la pista. Sentimos el rugir de los motores, y yo ni respiraba viendo el esfuerzo que hacía el piloto en su intento por despegar. La tensión aumentaba y el avión seguía rodando en la pista, cuando de pronto sentimos que frenaba abruptamente. La mitad de nuestro cuerpo se bamboleó con tal fuerza que creí que me golpearía con la boca con el espaldar del asiento delantero. Angustiada miré a mi esposo y él me hizo un gesto para que me tranquilizara. Se inclinó un poco hacia mí y con voz baja me dijo:

- ¿Qué te dije antes de montarnos? ¡Reza!

Casi lo mato con la mirada. Ese comentario era lo que menos quería escuchar en un momento así.

Volvimos a escuchar la voz del piloto, esta vez disculpándose por los inconvenientes causados y anunciando que repetirían la maniobra ya que la pista de aterrizaje era muy pequeña.

La tripulación regresó al punto de partida y repitió el procedimiento sin lograr el tan ansiado despegue. Después del segundo intento escuchamos nuevamente la voz del piloto diciendo que regresaríamos al terminal. Menos mal que decidieron regresar, porque yo estaba que me lanzaba por la ventanilla del avión. Recuerdo que nos bajamos todos incluyendo los pilotos. Después de aproximadamente diez minutos de espera, se nos acercó un trabajador de la aerolínea y de forma muy decente nos comunicó que tendrían que dejar dos pasajeros y algo de equipaje ya que el avión no había podido despegar por exceso de peso. Mi esposo y yo nos vimos y supimos que ese sobrepeso tenía nombre: nosotros. Nos informaron también que los pasajeros que no viajaban en este vuelo podrían tomar el próximo, pautado una hora después, así que el tiempo de espera no sería mucho. Hicieron un sorteo entre los pasajeros a ver quién se quedaría y... ¿adivina quiénes se quedaron?: Ni siquiera nosotros lo supimos.

Lo único que sabíamos es que no estábamos entre los que se quedarían. Así que nos fuimos en ese mismo vuelo; esta vez con un despegue y aterrizaje casi perfecto. ¡Gracias a Dios!

Esa noche en la habitación del hotel de la hermosa isla, mi esposo y yo comentábamos acerca de lo sucedido. Esa situación posiblemente había pasado en otras ocasiones; pero dentro de mí sentía que había sido nuestra culpa. Ambos nos sentimos apenados pensando en las personas involucradas, sobre todo aquellas que se quedaron para tomar el siguiente vuelo.

Dos taxis para uno

A estas alturas del siglo XXI, existen países que no están acostumbrados ni adaptados a las personas con exceso de peso. En una ocasión fui con mi esposo a Europa, de vacaciones. Recuerdo que la mayoría de los espacios en carros, baños, restaurantes y habitaciones de hotel eran pequeños.

Ir de un lugar a otro en taxi era lo más práctico para nuestros traslados como turistas en un país hasta el momento desconocido. La experiencia con el servicio de taxis fue traumática. Estábamos esperando que algún carro se detuviera y nos llevara, pero al vernos tan gordos, seguían sin tomarnos en cuenta. Finalmente, los que decidían acercarse, decían que podían montar a uno solo y que deberíamos pedir dos taxis para que nos llevara hasta nuestro destino. Eso me parecía una crueldad. Me costó mucho asimilar este tipo de discriminación. Sentía que no era justo ser tratados de esa forma. Éramos turistas solicitando un servicio de transporte, que además pagaríamos. Pero no tuvieron compasión, simplemente por nuestra apariencia.

La obesidad es una adicción como las drogas, como el alcohol; la diferencia es que al obeso se le nota a simple vista.

Nadie tiene un radar para seleccionar quien tiene una adicción. Me pregunté en ese momento, ¿cuántos drogadictos, alcohólicos, pedófilos y hasta asesinos se habrán montado en taxis sin ser humillados de esa forma? Claro, a ellos no se les notaba la adicción y a nosotros sí.

El ser obeso no le da derecho a nadie para hacernos sentir menos persona, y mucho menos cobrar un precio mayor por el mismo servicio que le dan a alguien con menos peso.

Zapatos y carteras: Una compra que no estresa

En mi closet lo que más abunda son zapatos y carteras. Analizando me di cuenta que aunque el pie me crecía de tamaño, por la grasa, esto no era algo tan notable. Podía ir de compras a una zapatería y pedir un par de zapatos de una talla "normal" sin que esto se convirtiera en una actividad estresante. En cuanto a las carteras, siempre hay para todos los gustos y tamaños, así que para comprarlas no necesitas pensar en la talla. Aunque seas gorda, gordita u obesa, nada ni nadie te limita el acceso a comprar la cartera que quieras. Sencillamente compras la que te guste. Es muy satisfactorio poder escoger sin limitaciones y sin tener que pagar más caro, por el tamaño o la talla.

En cuanto a los hombres, pienso que la compra de ropa y accesorios la toman más a la ligera. No andan con prejuicios a la hora de escoger. Les da igual si son pantalones cortos o largos, camisas o camisetas de rayas horizontales o verticales. Se ponen los cinturones debajo de la barriga y no les importa si el traje de baño es corto o largo, eso sí, lo compran casi todo con elástica.

Un gordito querendón

Cada vez que salíamos a un restaurant, mi esposo -así usara la servilleta- no podía evitar que su camisa o camiseta se manchara de comida. No había forma ni manera de que no se derramara algo sobre su ropa. En una oportunidad ya cansada de cuidarlo para que no estuviera sucio, le pregunté por qué no trataba de tener más cuidado al comer. Él siempre con sus ocurrencias me respondió que en la distancia entre el plato y la boca estaba la barriga y por ello caía ahí primero. Sin duda alguna, era un buen argumento. Pero eso no justificaba tener que andar con la ropa manchada y sucia todo el tiempo. Las gorditas tenemos un sentimiento de aceptación más profundo y complicado. A ellos los aceptamos y los queremos tal cual como son físicamente: con barriga, gorditos, feítos, barbudos, espelucados, despeinados o recién levantados. Si hay amor, siempre los vemos hermosos.

- ¿A quién le gusta un gordito jodedor, simpático y querendón?

- ¡A mí!

Sé por experiencia compartida que los gorditos se ponen una coraza por su condición de hombres y a ellos también les afecta el sobrepeso. Se deprimen, se sienten mal pero no lo exteriorizan como las mujeres. Hoy por hoy son muchísimos los hombres que cuidan su apariencia. Van al gimnasio constantemente, hacen ejercicios, cuidan lo que comen y lo que visten; usan accesorios y los combinan, se sacan las cejas, se arreglan manos y pies, visitan spas, etc. Algunos se arreglan tanto que parecen decorados. Antes eso no se veía con frecuencia. A mí en lo particular, me encanta que mi esposo tome más tiempo y dedicación en su apariencia; eso le sube la autoestima, lo hace sentir bien, proyectando buena energía y confianza en sí mismo. Esto aplica para todos los seres humanos, sin importar el peso. No es cuestión de vanidad sino de reconciliación con nuestro cuerpo. Mirarse al espejo comienza a ser más divertido y agradable. La mayoría de las mujeres deseamos que nuestras parejas se sientan orgullosas de nosotras y sobre todo que nos admiren. Con los años y por todo lo que he pasado, he aprendido que primero debemos admirarnos y estar orgullosas de nosotras mismas, como seres humanos hechos a imagen y semejanza del creador, tengas el peso que tengas.

Es muy cierto que la primera impresión es parte de tu carta de presentación, pero al final lo que cuenta es la esencia interior, lo que llevas por dentro. Quizá puedes cambiar lo físico, pero lo que realmente eres es lo que va a predominar siempre.

¿Quién quiere bailar conmigo?

En la época de mi adolescencia, como todos a esa edad, nos encantaba ir a las fiestas. Todas las amigas nos reuníamos en una casa y salíamos en grupo para celebrar. Nos sentábamos juntas y desde allí empezábamos a divisar quienes de los muchachos estaban llegando. Para mí, esa es una de las mejores épocas de la vida; pasas por muchas vivencias y aprendizajes, pero a su vez, eres feliz y si no lo eres, te las arreglas.

En las fiestas de mi época la música se escuchaba en tocadiscos, aparato para colocar el *long play*, LP o disco de acetato. Los había de 33 y 45 revoluciones por minuto. Lo único que no ha variado entre esa época y la nueva, es que cuando una canción se hacía popular la repetían hasta el cansancio.

Disfrutábamos mucho en las fiestas, la idea era bailar y reír, sin perder tiempo. Debíamos regresar a casa a las 9:00 de la noche, así que lo aprovechábamos al máximo. Había muchas canciones pegadas, pero había una en particular que se escuchaba más de cuatro o cinco veces durante una fiesta. Esta canción, para mi gusto ¡era horrorosa!, yo la detestaba y por nada ni nadie en el mundo salía a bailarla. Agarré solita un súper rollo con aquella canción. Era tan notable mi aversión que mis amigas se empezaron a dar cuenta, ya que cuando la canción sonaba yo desaparecía y si me quedaba no disimulaba el disgusto. Así que por joder empezaron a pasar la voz entre ellas. En la siguiente fiesta, a escondidas de mí, mis amigas se pusieron de acuerdo con el disk jockey. La estrategia era que ellas le harían señas para que cuando el muchacho que me gustaba me invitara a bailar, justo antes de terminar nuestra canción empezara a sonar la otra. Sí, esa misma que yo odiaba con todas las fuerzas de mi corazón. Por supuesto, como estaría bailando con él, todos asumirían que lo dejaría plantado en el medio de la pista.

Todo empezó a suceder según lo planeado. Mi amigo favorito me invitó a bailar un bolero -tengo que aclarar que él tampoco sabía nada del plan de mis amigas-. Él me hablaba y yo muy concentrada en su voz y en la canción hasta tenía los ojos cerrados, cuando de repente, ya casi al final del bolero, comenzaron a sonar las primeras notas de "la escalofriante canción". Mi amigo, todavía suspirando, casi en un susurro me preguntó:

-¿Quieres seguir bailando?

Yo no sabía si reír o llorar, pero cuando vi a todas mis amigas riéndose en la esquina de la pista de baile de inmediato me di cuenta que era un juego pesado de ellas, así que no les di el gusto. No dejaría plantado a mi "muñeco de torta". ¡Así que la bailé y la canté!

La canción se llamaba *La Saporrita* y la letra decía algo así como:

> "Siempre que yo voy a un baile
> me busco una saporrita.
> Siempre que yo voy a un baile
> Yo me busco a una gordita...".

Con el complejo por la gordura, el hecho de que me invitaran a bailar esa canción era como un insulto para mí.

Hasta ese día odié esa canción y la pasé a mis recuerdos y anécdotas graciosas. Por otra parte, mis amigas más nunca me hicieron ningún tipo de juegos pesados. Se quedaron con las ganas de verme renunciar en la pista de baile.

Me di cuenta de lo valiente y persistente que había sido ante lo inesperado, y me sentí orgullosa por eso.

Se me olvidó tu nombre

Recuerdo que cuando tenía ocho años en el edificio donde vivía había una niñita que todas las tardes me iba a buscar a la casa para que jugáramos. Al llegar del colegio, me ponía a hacer mi tarea para terminarla rápido y salir a jugar con ella. Buscábamos las bicicletas o los patines y bajábamos al estacionamiento del edificio. Aproximadamente a las cuatro de la tarde la abuelita de ella nos llamaba desde el balcón, para que subiéramos a merendar. Para mí era un placer tener una amiguita así. No era sólo porque me acompañara a montar bicicleta, sino también porque siempre me invitaba a merendar con ella.

La merienda que le preparaba su abuelita consistía en un riquísimo pan con mantequilla y azúcar. Abría el pan dulce por la mitad para untarle mantequilla tibia y suavecita. Además, espolvoreaba suficiente azúcar para que quedara blanquito, blanquito. ¡Eso era para morir en vida!

En mi casa no teníamos un horario para la merienda, con ella lo aprendí. Es verdad que las cosas buenas se aprenden rápido y nunca se olvidan. Hoy recuerdo esos momentos y todavía la boca se me hace agua. Confieso que muchas veces he tratado de recordar el nombre de mi amiguita, sin éxito. Dondequiera que se encuentre, le pido disculpas por esta mala jugada de mi mente y le agradezco desde la memoria del corazón por su amistad y compañía en ese momento de mi infancia. Eso sí, lo que nunca he olvidado es la cara de la abuelita dándome el pan dulce todas las tardes. ¡Es uno de los recuerdos más dulces de mis memorias gordas!

Tragada por una culebra de hierro y metal

Un fin de semana llevamos a nuestros hijos a un parque de atracciones mecánicas, de esos muy populares. Mi hijo mayor, muy arriesgado como su madre, tuvo la fenomenal idea de querer montarse en una ultra-súper-gigante montaña rusa. Al no tener apoyo de los demás para acompañarlo en la aventura, ¿a quién crees que le insistió? ¡Pues a mí!

Pretendiendo ser joven, sin ser esbelta, pero muy valiente, accedí.

Empezamos hacer la fila muy larga y mientras avanzábamos a paso de "tortuga coja" mi paciencia iba disminuyendo, al igual que la valentía, la voluntad y el valor. Todo eso combinado con "los nervios nerviosos" y una sudoración involuntaria por todas las ranuras y poros de mi cuerpo.

Mi hijo hablaba entusiasmado para distraerme, pero mi cara decía lo aterrada que estaba. Cuando sentíamos el ruido ensordecedor de aquella culebra de hierro y metal que casi se estrangulaba ella misma, yo cerraba los ojos.

Mi hijo tratando de calmar mi angustia me decía: "¡Mami, no te preocupes, eso pasa rapidito! y además nos vamos a reír muchísimo".

Entre risas nerviosas y el entusiasmo de mi hijo, llegó nuestro turno de subir a la culebra de hierro y metal. Un muchacho nos dio la bienvenida, seguidamente nos señaló las sillas donde deberíamos pasar a sentarnos. Cada hilera tenía cuatro sillones de metal y cuero, los cuales estaban suspendidos y agarrados por un tubo de hierro; bueno, eso era lo que yo rogaba que fuese, de hierro.

En lo que intenté sentarme, me di cuenta que no cabía en la silla, es decir, que no llegaba hasta el fondo del asiento. Traté de empujarme la piel o rollos que me sobraban y casi sin darme cuenta el muchacho que nos ayudaba me había pasado por la cabeza una armazón de goma y metal que me cubría el pecho y me ataba a la silla. Cuando me aseguraron la silla, yo no escuché el sonido -mágico, el grandioso y segurísimo- ¡click! Sí, ese sonido que hace el metal cuando se cierra. Ese sonido no se escuchó. Cuando traté de hacer señas para decirles que no estaba segura, ya era tarde, en un abrir y cerrar de ojos empezó la función. Antes de que empezara la primera vuelta, ya no sentía las manos, ni los pies. El corazón se me iba a salir por la boca y luego ya no lo sentí más: ¡creo que morí!

Lo único que recuerdo era que rezaba y a lo lejos escuchaba a mi hijo preguntándome: "¿Te gusta mamá?, ¿verdad que es divertido?".

Yo trataba de mover la cabeza diciendo que sí, para no preocuparlo.

Creo me mantuve en estado de shock, porque a lo lejos sentía que esa culebra de hierro y metal me tragaba, me vomitaba y me sacudía para todos lados. Mantuve los ojos cerrados todo el tiempo, concentrándome en apretar con las manos y los brazos el armazón que me rodeaba y que supuestamente me aseguraba a la silla. Cuando por fin se paró ese engendro maligno que me tenía atrapada y ya respirando más tranquila porque mi pesadilla estaba a punto de terminar, ¿cuál sería mi sorpresa?: La cerradura no abrió, se había trabado.

Se paralizó momentáneamente la actividad de la montaña rusa, mientras llegaba el personal de mantenimiento. Luego con una llave especial, en un dos por tres, me soltaron. Me paré como pude, ya que tenía las piernas dormidas.

La travesía dentro de la culebra de hierro y metal duró aproximadamente dos minutos y medio. Creo que estuve temporalmente en estado vegetal o casi inconsciente; incluso creo que me hice pipí, porque cuando me bajé no era normal lo que había sudado.

Al pesar de todo lo que pasé, pude resistir el embate de la bestia metálica y al mismo tiempo fui capaz de sobrepasar todos mis miedos para acompañar a mi hijo en esta arriesgada aventura.

La dieta de moda

La palabra dieta estaba a la orden del día, llegué a conocer todas las que estaban de moda. En la década de los ochenta empezaron los médicos a inventar diferentes tipos de dietas con sus firmas. Por supuesto también existía la que uno adaptaba a su conveniencia.

Les puedo asegurar que las hice todas. Cada revista que salía con una dieta la compraba. La parte que más me gustaba cuando comenzaba una dieta era ir al supermercado y comprar todo lo que hacía falta, era lo máximo. No se imaginan que satisfacción tan grande era abrir la nevera y ver que estaba llena de todo lo que me iba a ayudar para lograr adelgazar. Quería que el día lunes llegara rápido porque para los gordos los lunes eran sinónimo de dieta. Para mí y para muchísimas personas lunes y dieta significaban lo mismo.

En mi adolescencia las dietas no tenían nada que ver con las palabras carbohidratos y conteo de calorías. Sólo te decían que deberías suprimir el azúcar, la grasa, la sal, el pan, la pasta, las harinas, es decir, pasar hambre.

Luego salió una dieta que revolucionó el mundo. Se basaba en comer la grasa que quisieras. Lo que no podías ni oler era el pan, la pasta, el arroz, las harinas, ni el azúcar. Esta dieta fue famosísima. Me consta que muchas personas bajaron de peso con esa dieta, menos yo.

Con el tiempo me conseguí algunas amigas que habían logrado adelgazar con esa "maravillosa" dieta. Casi todas aumentaban el doble o más de lo que habían bajado tan pronto volvían a incluir carbohidratos en su rutina diaria. Me pregunte: ¿Quién puede pasar la vida entera sin comer un pan calientico con mantequilla, un suculento plato de pasta con salsa de carne y queso o un plato de arroz con pollo?

Menos mal que no me sirvió la famosa dieta, porque ahorita estuviese como un elefante.

Yo empezaba muy bien el régimen de dieta, entusiasmada y pensando que ahora sí había encontrado la mía. Lo primeros días bajaba de peso lentamente, pero bajaba. Esa era la idea. Sin embargo, en lo que me estancaba y no bajaba más, perdía la emoción y en ese mismo momento recordaba que con las dietas el metabolismo se ponía lento. Recuerden que yo era letrada en dietas y me las sabía todas, así que empezaba a darle choques al metabolismo, que consistía en comer por un día algo prohibido.

¿Qué era lo prohibido para mí?: Dulces y harinas.

Yo sabía en el fondo de mi corazón que ese paso del metabolismo era el fin de mi régimen dietético, porque eso no me tomaba un día. Quedaba por días, dándole choques al metabolismo y cayéndole a golpes a punta de azúcares y harinas. Por supuesto, subía el doble de lo poco que había bajado.

Cuando me preguntaban "¿Qué pasó con tu dieta?", mi respuesta era: "¡Esa dieta no era buena para mí!".

Sencillamente no quería reconocer que no era disciplinada, y para todo en la vida la disciplina es factor fundamental si quieres lograr los objetivos. Aunque no cumplía a cabalidad las dietas, la base de éstas siempre era ensaladas, pollo y pescado.

Hubo épocas en la que no quería ni ver una ensalada, ni un pescado a la plancha y si me hablaban del pollo casi cacareaba de tanto que lo había comido. Conocía todas las formas y estilos para cocinarlo: Entero, asado, deshuesado, picadito, molido, en filete, en tiras, rebozado con huevo, sin harina ni pan rallado, a la plancha, etc.

Llegó un momento en que lo dejé de comer porque lo sentía como parte de mi familia, mi hermano del alma, y psicológicamente valía más esa parte sentimental de "mi hermano el pollo" que el hambre que pudiera tener en ese momento.

Pase también por la dieta de no comer nada. Pensaba que de esta forma vería un poco más rápido la pérdida de peso o de medidas. Aunque las medidas importaban, el peso era más importante. Así viera que los pantalones me estaban quedando grandes, si no bajaba de peso me frustraba y eso me hacía desistir de seguir el régimen.

Ese tipo de dietas tan drásticas siempre tienen consecuencias, y ahora entiendo que los excesos alteran el funcionamiento natural del cuerpo. Con los años te ocurren problemas de salud que se suman a los descuidos y abusos que cometiste estando joven y saludable.

Toda dieta extrema o comer en exceso es perjudicial. La juventud te hace arriesgada e inconsciente como dicen "juventud divino tesoro". En la adolescencia, la pérdida de peso es rápida y con poco esfuerzo, pero a medida que vas cumpliendo años los kilos son como las velitas de la torta: van subiendo y se apropian de tu cuerpo, se enamoran de ti. Es cuando te dices a ti mismo: hay que cuidarse y controlarse más.

Tenemos que tomar consciencia, hacer ejercicio a diario o por lo menos caminar. A medida que pasan los años, la mentalidad de la gente ha ido cambiando, ahora se piensa mucho más en la salud y en mantener un cuerpo saludable.

Hábito para el buen vivir

En mi época las personas mayores engordaban y no le paraban bola. Las abuelas y los abuelos casi siempre eran gordos, barrigones y se vestían como viejos. Las mujeres con batas todo el tiempo y se olvidaban del cuidado físico. Era raro ver una abuela elegante, de apariencia joven y bien arreglada. Parecía que se tiraban al abandono, creo que sentían que para ellas se había pasado su cuarto de hora.

Ahora las personas, sin importar la edad, se cuidan mucho más, hacen ejercicio a diario, vigilan lo que se llevan a la boca. La comida es balanceada, conocen los conteos diarios de calorías, carbohidratos, azucares, etc.

Parece que nacimos dentro de ese mundo de información alimenticia "dietética", destinada para el buen vivir. Para mí este mundo de inmenso conocimiento de cómo alimentarme equilibrada y sanamente comenzó con fuerza y furor hace más o menos treinta años. Lo leía y lo asimilaba, pero no lo practicaba.

Mi dieta youtube online

Ahora con la revolución del Internet es increíblemente maravilloso el acceso a toda la información que necesitamos en cada uno de los aspectos de nuestras vidas. Ya no debería haber personas desinformadas. En mi caso le saco mucho provecho. Cuando tengo alguna duda o pregunta, acudo a mi computadora o celular y lo busco en Internet. Hoy en día se me hace un poco más simple, sabroso e increíblemente variada la preparación de un menú y de una comida más sana. A continuación explico mi procedimiento que, aparte de saludable, es informativo.

Antes de empezar, haré un paréntesis para confesar que todavía no soy muy disciplinada en cuanto a la comida. Hay días y meses que me descarrilo y empiezo a comer sin medida; pero cuando siento que los pantalones me están quedando apretados digo: ¡Oh, oh! ¡Es hora de cerrar el pico!

Durante los años de gordura aprendí que si me descuido el daño es mayor. Esto me llevó a entender que las situaciones hay que agarrarlas a tiempo y no dejarlas para después, porque es preferible bajar 5 kilos en un mes que 15 kilos en cuatro meses. Lo aprendí a trancazo limpio.

Allí comencé a tomar conciencia e ir de la mano de mi nutricionista. Con sus indicaciones era más fácil tomar "los kilos por los cachos".

En cuanto a mi forma de hacer dieta, primero escojo el día que voy a comenzar y nunca lo pospongo. Por ejemplo, si decidí hacer dieta el día miércoles, ese día busco mi iPad o computadora y entro al maravilloso mundo del Internet. Previamente veo el menú que quisiera preparar para toda la semana y así empiezo a navegar en la red para descubrir cómo preparar esas recetas saludables, alimenticias, con buen sabor, que a la vez me ayuden a adelgazar.

Aclaro que nunca he sido muy diestra en la cocina. Hay cocineros o chef que te explican de una forma clara y sencilla cómo preparar una comida exquisita. Es increíble que a veces la comida me quede tan buena que parezco un chef de alta cocina. Así que, si yo lo logré, cualquiera lo puede lograr.

Buscar por Internet me arroja un sinfín de información muy útil para mi propósito de comer saludable. Tengo acceso al contenido nutritivo de la comida, recetas, tipos de comidas, frutas y vegetales que en mi vida no hubiese probado. Me encanta estar en este mundo "online" que se ha abierto para las personas de mi edad. Esto me ha dado la oportunidad de lograr mis objetivos, para mantenerme bien alimentada y saludable.

Un príncipe no tan azul

Durante toda la vida pasamos por infinidades de pruebas. Cada problema trae su propio grado de dificultad y cada quien se vuelve del tamaño de la situación que se le presenta. Como decía mi abuelita: "a cada quien le duele su dolor".

Como es bien sabido, existe toda clase de problemas. Pueden ser físicos, económicos, sentimentales, familiares, sociales, etc. Si uno se pone a analizar, siempre los superamos. Lo único que no se puede superar es la muerte, sin embargo, hay quienes piensan que incluso después de morir hay posibilidad de pasar a una mejor vida.

Debemos aferrarnos a la fe confiando en que siempre hay una solución, sea cual sea la situación. En mi caso, yo la entrego a mi poder superior y eso me da una fuerza indescriptible y mágica para aceptarla. Todo llega a su tiempo. Quizá no recibimos la respuesta de la forma que queremos, pero al final es la que nos conviene.

Todos los seres humanos atravesamos por diferentes problemas. En mi caso, los económicos han sido muchos y los he superado siempre. En cuanto a los de salud, he tenido mis altas y bajas. En el tema sentimental, me equivocaba una y otra vez, todo el tiempo.

Es ley de la vida, cuando te equivocas es porque debes aprender algo y si no lo aprendes se repite la lección. Yo no aprendía a la primera y cada experiencia era peor que la anterior. Al principio uno tiende a buscar en todos los prospectos que aparecen el tan deseado y perfecto príncipe azul. Cuando lo conoces, lo ves un poco "verde", y te dices a ti misma "Ese verde es casi azul", y es cuando te equivocas de nuevo.

Empiezan los desengaños y malos ratos, porque no sabes esperar. Sé que todos tenemos nuestra media naranja y estoy segura que tarde o temprano, ese príncipe, que a lo mejor no es azul, sino morado o rojo, te llega. Muchas veces debajo de ese color que no esperabas vienen las cualidades que buscas. Recuerda que posiblemente tú tampoco seas del color que tu príncipe está buscando. Esto lo digo porque me sucedió a mí.

Después de algunos tropezones, caídas y rasguños, conseguí a mi "príncipe azul" o "media naranja", con azúcar y todo. Al principio luchamos contra viento y marea para estar juntos. Aunque debo confesar que a mi mamá no le gustó el color de mi príncipe; pero a mí me pareció un naranja azulado espectacular. Desde hace años y por muchísimos años más, somos y seremos la naranja azulada completa. Yo estaré a su lado y él a mi lado. ¡Te amo, Pá!

Lo normal que no es normal

Durante mi niñez, aparte de enfrentarme con el bullying por ser gordita; vivía el reto de otra adicción que afectaba a toda la familia; algo que por mi inocencia, no sabía cómo vivirla y superarla. Sin ni siquiera saber de qué se trataba, tuve que sobrellevarla y aceptarla, como algo natural.

Los conflictos familiares y los de la escuela estaban a la orden del día. Las discusiones entre mis padres, y la burla de mis compañeros por mi gordura, me hacían sentir que eso era parte de mi haber diario. Lamentablemente te acostumbras que lo que no es normal se convierte en normal. Esto lo digo ya que cuando analizas lo que has vivido ves que esas experiencias que te han hecho crecer y madurar son las que te preparan para lo que viene. Así que, todo es aprendizaje te guste o no.

La vida es una constante lucha. Para las personas adictas, es todavía más difícil. Esto lo digo con responsabilidad, después de tener que lidiar con situaciones de adicción extrema.

Pa' quedar como pollo frito

Mi primer vicio fue la comida. Claro, nunca lo vi de esta forma hasta ahora, porque tiempo atrás pensaba que mi primer vicio había sido el cigarrillo. Empecé a fumar a los 15 años. Como todo comienzo, fumaba pocos cigarrillos al día y como los fumaba escondidos de mi mamá era más difícil estar fumando a cada rato. Así fueron pasando los años y solamente lo dejaba mientras estaba embarazada. Fumar para mí era uno de los placeres que la vida me regalaba, aunque sabía que era dañino para la salud. Existían comerciales por todos lados motivando a la gente a fumar. Uno de los estereotipos que más vendía era el que una mujer fumando se veía elegante y con "caché". Por supuesto que siempre salía alguien a cuestionar mi placentero vicio y mi respuesta automática era que si dejaba el cigarrillo engordaba. Con el tiempo supe que ese pretexto era un mito y nada más lejos de la realidad. Todo lo relacionaba con la gordura y lo acomodaba a mi conveniencia. Mi condición adictiva me mantenía en una zona de confort, decía que lo podía dejar cuando quisiera, ya que ese vicio no era más fuerte que yo. No quería aceptar que los vicios y adicciones no se pueden controlar; si te descuidas, ellos te controlan a ti. Fumar casi me lleva al crematorio. Sin embargo, lo dejé de la forma más drástica y dolorosa.

Un día me desperté con un dolor en la parte derecha del estómago, justo debajo del seno. Cada vez que respiraba, me agachaba o hacia algún esfuerzo, me daba una punzada. Mi esposo insistió en llevarme de emergencia al hospital, porque se dio cuenta que no era un simple dolor. Llegamos al hospital y al hacerme algunos exámenes, notaron que tenía casi una Peritonitis Biliar, es decir, mi vesícula estaba casi perforada. Debido a la gravedad del caso y sin pensarlo mucho me dijeron: "Pa'dentro, pal'quirófano, hay que operarla".

En ese tiempo me fumaba casi una caja de cigarrillos al día y por supuesto, en la vía hacia el hospital, con los nervios y la ansiedad en sus niveles máximos, me fumé no menos de cinco cigarrillos.

Mientras me preparaban para la cirugía, todo iba "viento en popa". Durante el proceso de aplicación de la anestesia se desencadenó un broncoespasmo, es decir, se estrecharon mis vías respiratorias debido al exceso de peso y mi condición de fumadora. No podía respirar por mí misma. Como estaba entubada todavía, los médicos pudieron ayudarme y salvarme. Me costó un tiempo recuperarme. Pasé varios días casi sin poder hablar y con la respiración acelerada. No podía controlarlo.

No volví a fumar más nunca, ya que el doctor me comentó que los pulmones habían quedado lesionados. Lo que me había pasado en el quirófano podría repetirse en cualquier momento y quedaría como "pollo frito", ¡muerta y patas pa'rriba!

Superar este vicio no fue fácil, pero afortunadamente, sobreviví para contarlo. En mi caso la experiencia fue extrema y aunque ha pasado mucho tiempo, todavía mi subconsciente me recuerda en sueños que fumé y cuando despierto agradezco no haberlo hecho más.

Brindemos y punto

No he sido alcohólica, ni siquiera bebo socialmente. La verdad es que ni me llama la atención, pero desde mi niñez supe lo que era tener a un ser querido atrapado en esa adicción.

La fuerza de voluntad y el amor de la familia son vitales en la recuperación de un adicto. Tener fe y buscar apoyo de grupos también ayuda. Por mi experiencia puedo notar que todavía hay personas que no entienden que una adicción no es sinónimo de debilidad.

Una adicción es una enfermedad como cualquier otra y como tal hay que tratarla. En muchos casos no es curable, pero si es controlable.

He asistido a reuniones y grupos de apoyo para adictos y he tenido la oportunidad de escuchar las experiencias de otras personas, con situaciones más fuertes que las mías. La idea es aprender de cada una de ellas y rescatar lo positivo.

¿Sin voluntad hacia dónde voy?

Para dejar las adicciones hay que tener una fuerza de voluntad férrea y una gran disciplina. En mi caso, cuando quiero dejar algo que me gusta y me hace daño lo hago de forma drástica y determinante. Lo que me llevó a escribir este libro fue la adicción a la comida. A esta adicción hay que decirle ¡Usted!

Nunca pero nunca dominas completamente la mente. Puede que hayas controlado tu peso, que estés delgado y saludable, pero mentalmente siempre eres gordo. Eso no cambia.

En mi caso, como les comenté anteriormente, hice todo lo humanamente posible para controlar mi adicción. Probé cada una de las cosas que podían ayudarme a cambiar mis hábitos alimenticios. Fueron muchos los que se arraigaron en mi mente. Toda mi vida luché por sacarme esa idolatría hacia la comida y cada vez que fracasaba era más doloroso. Era difícil conseguir la fuerza de voluntad y la disciplina necesaria para superarla.

Muchas veces me dispuse a cumplir un régimen o dieta, y al no bajar el peso que quería perdía el interés y abandonaba. En otras ocasiones lo dejaba incluso antes de comenzar. Pagaba tratamientos por adelantado para obligarme, porque sabía que si los dejaba me dolería el dinero que estaba perdiendo. Hice de todo y abandoné muchas veces.

Empecé a dejar de sentir cargos de conciencia. Por un tiempo acepté ser gorda, pero cada vez que caía en mis manos un reportaje o alguna información en relación al sobrepeso lo leía y tomaba interés en ello. Aun pretendiendo no importarme, todavía estaba en la búsqueda de hacer algo por mi salud y por mi apariencia.

Aunque creí dar mi caso por perdido, nunca me sentí bien con mi apariencia física y sabía en el fondo de mi ser que adelgazar me haría sentir feliz y realizada. Otras veces lo veía como algo muy lejano y ni siquiera visualizaba la forma de empezar de nuevo a hacer dieta o ejercicios. Estaba entregada a ser gorda para siempre.

La flaca

Por casualidad en una consulta médica, que no tenía nada que ver con la obesidad, mientras ojeaba una revista local, me llamó la atención un artículo sobre una operación llamada Bypass Gástrico. Con mucha atención leí cada una de las líneas. A medida que me informaba acerca del procedimiento, el corazón se me aceleraba como anunciando que algo bueno estaba por suceder. Una esperanza renacía, en las páginas de esa publicación. Esto podría ser lo que por tanto tiempo había estado buscando, incluso parecía perfecto para mí.

En fracciones de segundo mi mente voló y los sueños no se hicieron esperar. Yo sólo pensaba que para mañana era tarde. Con el ímpetu que me caracteriza, decidí emprender una nueva aventura. Busqué más información acerca de lo que había leído y como por arte de magia en pocas horas estaba en camino hacia de la posibilidad de hacer mi sueño realidad. La "gorda Mary" estaba lista para convertirse en la "Flaca Mary". ¡Los milagros existen!

Tenía tiempo que no me sentía tan feliz y motivada. Desde ya tenía que poner manos a la obra para investigar todos los detalles sobre la operación. Dentro de mí la decisión ya estaba tomada.

Días después vi en la televisión que dictarían una charla sobre esa misma operación en un hospital de la localidad. No lo podía creer. Dios que me estaba ayudando. Todo estaba conspirando a mi favor. Tomé nota de la dirección y el teléfono que anunciaban, llamé inmediatamente y reservé dos espacios para ese día. En ese momento mi esposo entró al cuarto y me vio saltando de alegría.

- ¿Qué te pasa? ¡Te volviste Loca! –me preguntó extrañado.

Eufórica respondí:

- ¡Sí! –respondí eufórica.

De inmediato le conté lo que acababa de escuchar en la televisión sobre la operación. Él tenía conocimiento de lo que yo estaba buscando, porque anteriormente le había enseñado el artículo de la revista -la había pedido prestada en el consultorio médico.

Emocionada le comenté que ya había llamado y reservado dos puestos para la charla.

- Una es para ti y una es para mí -le dije.

Más extrañado todavía me preguntó:

- ¿Para mí? Te aclaro de una vez que yo no voy a hacerme ninguna operación, así que me vas sacando de ese paquete.

- No, mi amor, es para mí, pero no quiero ir sola y así me acompañas.

Por fin llegó el día, fuimos los dos según lo planeado. Mi esposo permanecía un poco escéptico y reservado. En camino a la charla me había dicho que él era un gordo feliz y que nunca se sometería a una operación. Dejaría de ser gordo cuando quisiera; que a él lo que más le sobraba además de gordura era fuerza de voluntad. Llegamos al hospital y en lo que entramos al salón de conferencia nos asombramos de la gran cantidad de personas que al igual que yo estaban en la búsqueda de una vida mejor. Yo no era la única, no estaba sola en este mundo de los gordos.

Al entrar teníamos que registrarnos en una lista, como mi esposo no quiso registrarse llené la planilla con sus datos y por supuesto con los míos. Yo estaba muy emocionada, había investigado todo acerca de la operación, pero igual estaba atenta a toda la explicación. Pasaron videos de cómo era el procedimiento, explicaron los pros y los contras de la cirugía y como era la recuperación. Presentaron al médico que la realizaba y parte del personal que lo acompañaba en el proceso.

Al final para convencer a los que no estaban seguros de hacérsela, compartieron testimonios de pacientes que se habían operado. Por mi parte no necesitaba verlos, yo estaba súper convencida, pero igualmente me asombraron. Mostraron fotos de como lucían antes de hacerse la operación y muchos habían cambiado tanto que parecían otras personas. Los vi bellos y saludables a todos. En ese momento los admiré.

A todas estas mi esposo no parecía muy impresionado. El participó, escuchó y se integró a la actividad; pero no vi ningún cambio en su actitud. Su posición seguía siendo que esa operación no era para él. Estaba ahí sólo para apoyarme.

Pasaron varios días y recibimos una llamada del hospital informando que mi esposo había sido seleccionado para realizarle la operación del estómago en menos de 10 días. Sólo necesitarían practicarle los exámenes de rigor, ya que el seguro había autorizado la cobertura total de la cirugía.

En ese momento casi se me cae el teléfono de las manos. Le pregunté a la persona que llamaba si no tenía información acerca de mí. Ella fríamente respondió que esta llamada era para el señor Vivas y que a mí no me tenía en esta lista, que probablemente alguien me llamaría más tarde. Por ahora sólo necesitaba corroborar los datos de mi esposo.

Asombrada y llena de frustración, no podía creer lo que estaba escuchando, así que insistí en seguir hablando con ella.

- Disculpe, pero mi esposo y yo llenamos la solicitud el mismo día. ¿Podría por favor volver a revisar para ver si yo también he sido seleccionada?

Ella muy respetuosa me dejó que le repitiera mis datos y me hizo esperar un momento; cuando volvió, me respondió:

- Señora Vivas, según el seguro de ustedes sólo quedará cubierto su esposo. Su caso no fue aprobado. Si quiere operarse debe pagarlo de su bolsillo.

Para ese momento quería llorar. Anoté todo lo relacionado con la operación de mi esposo, di las gracias y me despedí de la enfermera que llamó. Me senté con las manos en la cabeza y pensaba en voz alta: "Pagarlo de mi bolsillo. No sé cuál bolsillo, porque en el mío o en el de mi esposo no había mucho que buscar. ¿Cómo puede pasar esto?, si la que quería operarse era yo".

En ese momento me moví entre dos mares de sentimientos. Por un lado sentía alegría por mi esposo, ya que con esa operación él recuperaría su salud. A los 43 años, mi esposo dormía con una máscara de oxígeno, era diabético y sufría de la tensión, todo consecuencia del exceso de peso. La verdad es que él lo necesitaba más que yo.

Por otro lado me sentía egoísta y me preguntaba "¿Por qué a mí no?, ¿Porque no nos seleccionaron a los dos? ¿Porque a mí me cuestan tanto las cosas?".

Había puesto todas mis esperanzas en esa operación, quería ser una persona delgada. Me asaltaron momentos de inseguridad y la baja autoestima me abrazó. Me imaginaba a mi esposo, bello, flaco y sano. En cambio yo seguiría siendo la esposa gorda. En fracciones de segundo me pasaron cualquier cantidad de historias hechas por mi inseguridad; donde él me dejaba por gorda y fea. Lloré desconsoladamente. Desesperada me imaginaba que podía hacer una súper dieta inventada sólo para mí y que un súper médico galáctico con su vara mágica me adelgazaba, al mismo tiempo que mi esposo adelgazaba con la operación. Me embargó una gran tristeza.

Cuando mi esposo llegó a la casa le conté sobre la llamada y lo de su operación. Traté de que me viera optimista y feliz por él. Le expliqué todo lo que me dijo la enfermera y el tiempo que tenía para prepararse. Al principio me dijo que no lo haría, pero al ver mi insistencia cedió. Luego me dijo que él prefería que me operaran a mí y a él después. Más tarde me dijo:

- Prefiero ver cómo te va a ti y luego voy yo, tú sabes que nunca me he operado de nada y soy muy cagón para esas vainas.

Cuando me preguntó cuál sería la fecha de mi operación, haciendo un esfuerzo por no llorar le conté que a mí no me habían aprobado la cirugía. Él se paró de la mesa y me pidió el número de teléfono del hospital y llamó. Pidió hablar con la persona y al identificarse le explicaron el procedimiento de cómo sería su operación. Tan pronto la persona terminó de hablar mi esposo amablemente le dijo:

- Por favor, contacte al seguro y al doctor ya que quiero cederle el lugar a mi esposa. Ella es la que ha estado más interesada en esa operación y no es justo que el seguro me la cubra a mí y a ella no, ¿usted cree que podría hacer eso por mí?

Cuando colgó la llamada, yo no tenía palabras. Me sentía peor. Él me había dado una gran lección de nobleza y lealtad.

En ese mismo momento me di cuenta y rectifiqué, le dije que no permitiría que aplazara su operación por nada en este mundo. Buscaríamos la forma de que yo me operara después. La prioridad en ese momento era prepararnos para su operación. Llamé al hospital y le dije a la enfermera que olvidara lo que mi esposo le había dicho. Todo lo relacionado con la operación de él seguía en pie. Mientras se hacía los exámenes y se preparaba mentalmente, se fue acercando el día de su operación. La verdad que yo estaba optimista y feliz, él no tanto. Todavía dudaba, creo que por miedo.

Los exámenes salieron perfectos. Él hacia todo lo posible por conseguir la forma de que me operaran. Casi siempre obtenía la misma respuesta. La única manera de lograr algo diferente era pagando de su propio bolsillo. Cumpliendo ese requisito tendría la operación el día y la hora que quisiera, pero por nuestra situación financiera, en ese momento era imposible. Nos dimos cuenta que el dinero estaba por encima de la salud. En muchas o casi todas las situaciones, el dinero es sumamente importante, ya que dicta las pautas en las vidas de todos. Sé que la salud es todo, sin embargo, cuando una persona se enferma y tiene dinero, puede agotar todos los recursos y no escatimar para buscar la cura de su mal. Sé que eso no garantiza que se cure, pero tiene más probabilidades de hacerlo posible.

Volviendo al tema de la operación de mi esposo, lo que a él más le preocupaba era la poca cantidad de comida que iba a ingerir. Le angustiaba que no se le quitara el hambre con el nuevo tamaño de su estómago. Por sus nervios caminaba de un lado a otro y se repetía a constantemente:

- Voy a salir bien y no me va a doler.

La noche anterior no pudo dormir. Me repetía que si le pasaba algo, le prometiera que cuidaría a sus hijos. Sospecho que hizo un testamento en una hoja, ya que después me confesó que él pensó que de ésta no salía.

– ¡Qué dramático!

Definitivamente los hombres son cobardes ante una enfermedad y mucho más ante una operación.

Llegamos muy temprano al hospital, a las 7:00 am estaba entrando al quirófano, la cirugía duro menos de dos horas. Cuando lo trasladaron a su habitación, el doctor entró y le comentó:

- Todo salió muy bien, cuanto más rápido te levantes y camines más rápido te vas para la casa.

Ese hombre ya a las 5 de la tarde le había dado 7 vueltas al piso donde estaba su habitación. Al día siguiente lo vieron tan bien que hablaron con la asistente del doctor y a las 2 de la tarde ya estábamos en la casa. Asombrados por su buen estado de ánimo, pensábamos que todo había pasado; no contábamos que en la casa todo cambiaría. ¡Allí empezó la procesión!

Lo único que podía tomar eran sorbos del caldo de sopa que yo le había preparado. Las cuatro onzas de caldo se le suministraban cada tres horas. Los dos primeros días todo estaba bien, pero al llegar el tercer día, ¡Dios mío! Parecía un lobo enjaulado, arañaba las paredes, gruñía, casi mordía al que tenía al lado. Trataba de entretenerse viendo televisión y por supuesto que los comerciales de comida lo estaban volviendo loco. El cuarto día me dijo que le provoca comer unos tostones con un perro caliente. Un poco asombrada, le respondí:

- ¿Eso es lo que quieres? Ya te los voy a buscar.

Fui a la cocina y le volví a calentar lo único que podía comer: Un caldito de sopa. Esa debería ser su comida por tres semanas.

Nunca se me olvidará la cara que puso cuando llegué al cuarto con el envase de la sopa y le dije:

- Aquí está tu perro caliente con tostones.

A ese hombre de vaina no le dio un infarto. La rabieta que agarró no fue normal. Respiró hondo y se salió de la casa a caminar.

Regresó media hora después, más calmado, disculpándose por no aceptar lo que el doctor le había recomendado. Me confesó que no soportaba el hambre, que necesitaba que le preparara un poquito de puré o algo más espeso, que lo sustentara. Con desesperación vociferaba lo que en el fondo era una súplica:

- ¡Me estoy muriendo de hambre y voy a matar a alguien si no me dan comida! ¡Por favor, por favor, alguito de comida!

Me lo pidió tanto, que fui a la cocina y sin llamar al médico le preparé de la forma más sana posible un puré de papas. Cuando se lo serví, veía como se lo comía con tanto gusto. Lo saboreaba como el manjar más exquisito que había probado en su vida. Se lo comió lento, como para que no se le acabara nunca. Volvió a sonreír y se dio cuenta que comiendo lento y cada tres horas quedaba satisfecho con la cantidad que le cabía en el estómago.

Cada día era un aprendizaje, si comía mucho vomitaba. Sin embargo, su recuperación fue rápida. En tres meses había bajado 30 kilos; pero como había estado tan gordo casi no se le notaba. Antes de operarse usaba talla 58 de pantalón con casi 220 kilos de peso. Mi esposo se recuperaba y aprendía cada día algo diferente de su nueva forma de vida, mientras tanto nunca desistió en la búsqueda de algún médico que me operara. Le preguntaba a todo aquel que pudiera ayudarnos.

Unos compadres nos fueron a visitar y por casualidad comentaron que la mamá de uno de ellos también se acababa de operar. La operación se había llevado a cabo en otro país, ya que el seguro aquí donde vivíamos no le cubría el costo de la operación. Inmediatamente nos dimos cuenta que ésta podía ser una nueva posibilidad.

Nos comentaron que el médico que había llevado a cabo la cirugía era muy reconocido, una eminencia, y que había realizado más de trecientas operaciones de Bypass Gástrico. Nos lo recomendaban con los ojos cerrados.

Mi esposo le explicó que el seguro tampoco me cubría y que estábamos buscando alguna alternativa para operarme; les pidió que nos dieran toda la información y así podríamos averiguar todo lo necesario. En ese momento sentí la misma alegría del día que vi la revista en el consultorio médico.

Mi esposo se puso en contacto casi de inmediato con el médico y así volvieron mis esperanzas de hacer realidad el anhelado sueño. Así fue como llegó a mi vida mi querido ángel en la tierra, el doctor José Manuel Pestana, quien amablemente respondió todas y cada una de las preguntas que le hicimos acerca del procedimiento, tiempo de recuperación, y costo. Fue tan accesible que mi esposo aprovechó para aclarar las dudas que tenía acerca de su propia recuperación. El doctor, sin ningún problema, se las aclaró. Desde ese momento sentí un vínculo especial con el doctor. Para mí era un alma de Dios. Lo amé desde ese momento y con permiso de mi esposo.

Coordinamos con él todos y cada uno de los requisitos y en menos de dos semanas envié todo lo que se necesitaba. Al ver que estaba todo en regla, nos dio cita en su consultorio y unos días después se fijó la fecha para la operación. Yo estaba tan feliz que no lo podía creer, por fin sería flaca, saludable, hermosa y sobre todo feliz. Podría comer de todo y nada me causaría cargos de conciencia.

Mi nuevo día de cumpleaños

Mi esposo y yo nos fuimos de viaje, esta vez era más que unas vacaciones. Estábamos felices de poder hacer realidad uno de mis sueños más anhelados. Era el viaje que me transformaría en la mujer que siempre había querido ser: Una mujer delgada y saludable.

Al llegar a Venezuela, mi país de origen y dónde se llevaría a cabo la operación, sentí que volvería a nacer, en mi propia tierra. Llegamos al aeropuerto y sin más esperas nos fuimos directo al consultorio del doctor. Por primera vez conocería personalmente a mi ángel en la tierra. Desde el primer momento que lo vi me encantó. Me dio tanta confianza que sentí que lo conocía de toda la vida. Era muy joven y lucía muy profesional y muy humano. Nos volvió hablar de los pros y los contras, me indicó los pasos siguientes que nos llevarían al gran día.

Me veía tan dispuesta y todos los exámenes y requisitos habían salido tan bien que me dijo que podíamos adelantar la operación y yo por supuesto casi grité de la emoción. Sería tres días después, ¡tres días! La emoción no le dejaba espacio al miedo. No lo podía creer… ¡sería flaca, flaca, flaca!

Debería empezar con mi nuevo régimen alimenticio antes de la operación. Sin embargo la otra parte de mi mente me decía: Come todo lo que se te antoje, aunque no te guste, porque quizás más nunca lo vas a poder ni probar.

Me saltó la misma preocupación de la mayoría de las personas que se van a someter a este tipo de operaciones. Temía no quedar satisfecha con las porciones tan pequeñas que tendría que comer de ahora en adelante.

La condición mental de las personas gordas es que no podemos pasar hambre nunca en la vida. Hay preguntas que surgen de manera inevitable y nos hacen dudar si nos operamos o no. Preguntas tales como: ¿Qué haré si como y sigo con hambre? ¿Se me abrirá el estómago si como más de lo debido? ¿Podré revertir la operación después de hecha?

Puedo llenar miles de páginas de todas las dudas que me asaltaron, antes y después de la operación. Todo temor pasa cuando piensas que puedes tener una vida más sana. Es muy reconfortante imaginar que te sentirás mejor y lucirás bien. La gente no te verá con prejuicios, lástima ni desprecio. Es emocionante pensar, que podrás vestir como quieras y que lucirás como en las revistas que tantas veces ojeaste. Es hermoso poder sentir que disfrutarás mucho más de las cosas que te ofrece la vida.

El día anterior a mi operación, unos amigos nos quisieron hacer una atención invitándonos a un restaurante. ¡Qué raro!

El lugar era súper-ultra gourmet. Nunca habíamos ido a un lugar donde el chef preparara la comida al gusto de cada comensal. Claro, no pude comer casi nada, ni probar lo que nos servían. Todos hablaban, comían y disfrutaban y yo sólo pensaba en mi operación. Mentalmente repetía: "No me va a doler, ¡no me va a doler!". ¡Ahora la dramática era yo!

Estaba emocionada, pero a la vez estaba asustada.

Por fin llego el gran día de mi nuevo cumpleaños. A primera hora estábamos sentados en la recepción de la clínica. Allí ya nos estaba esperando mi Doctor, mi ángel. Él me inspiraba toda la seguridad que yo necesitaba. Sabía que en sus manos todo iba a estar muy bien. Me pasaron para una habitación e inmediatamente comenzamos con los preparativos. Me vinieron a buscar para trasladarme al quirófano mientras me despedía de mi esposo y de unos familiares.

Estando en el quirófano, la enfermera hizo varios intentos por conseguirme la vena para suministrar la anestesia y demás medicamentos, pero no lo lograba. Asumo que era por los nervios y por la gordura. En ese momento entró mi doctor, tomó la aguja y en un momento me la consiguió.

Allí, caí rendida a sus pies; bueno, no tanto, realmente fue la anestesia.

Mi operación no fue tan sencilla como la de mi esposo. La mía duro cuatro horas, ya que no me conseguían el estómago. La cantidad de grasa abdominal era exorbitante. Tuvieron que introducirme una sonda por la boca y seguirla hasta dar con el estómago. Mi caso era delicado y especial. Gracias a la experiencia y profesionalismo de mi doctor, salí del quirófano sana y salva.

Hasta ese momento todo fue un éxito. Tenía dolor, pero controlable. Según cuenta mi doctor, perdí mucha sangre durante la operación, ya que era mucha la grasa que tenía acumulada en la parte abdominal y eso demoró un poco más el tiempo para realizarla, pero al final me recuperé perfectamente.

Me dieron de alta al día siguiente, sin embargo, me sentía muy débil. Esa misma noche me tuvieron que llevar al hospital de nuevo, ya que no podía ni con mi alma. Era tal mi debilidad y cansancio que no podía ni caminar. No podía ni siquiera levantar las manos. Cuando llegamos mi doctor estaba allí, esperándome. Dándome ánimos, me dijo:

- Tranquila, te vas a recuperar. Esto es parte de la operación. Todo va a estar muy bien.

Me dejó bajo observación ya que posiblemente había quedado con anemia por la pérdida de sangre. Me dieron una cremita de vegetales -no caldito como a mi esposo-, me recuperé en dos días. Salí de allí con más fuerzas que nunca de comenzar mi nueva vida.

Regresamos a nuestra casa aproximadamente diez días después.

Al llegar, después de saludar y reencontrarme con la familia, lo primero que hice fue buscar una báscula y pesarme. Cuál sería mi sorpresa al ver que no había bajado casi nada de peso. Me comparaba con mi esposo, ya que era la única referencia cercana que tenía. El no haber perdido casi peso me deprimió muchísimo. Con los días recordé que uno de los efectos de la operación es que no siempre se baja de peso tan rápido, pero al final bajas porque sí.

Me pesaba los lunes, en contra de las indicaciones de mi doctor, ya que él decía que no era necesario. El mejor indicativo de pérdida de peso era que la ropa me fuese quedando suelta. Sin duda alguna, pesarse desespera.

Al cabo de un mes ya comía más sólido. A mis hijos se les ocurrió la súper, espectacular y grandiosa idea de ordenar comida china. Por supuesto que ni la probé.

Inclusive me salí de la casa para no verlos comer. Me encanta la comida china. Cuando entré ya todos habían comido y recogido la mesa. Pasé a la cocina para servirme un vaso de agua y sobre el tope de la cocina habían dejado un rollito chino.

Volteé la cara y me fui a sentar a frente del televisor. No me podía concentrar en el programa que estaba viendo y sólo sentía que el rollito chino me estaba llamando. Yo trataba de ignorar todo eso que mi mente me hacía imaginar. A medida que pasaba el tiempo ya podía sentir que me gritaba: "Cómeme, estoy rico, nada te va a parar".

Me levanté y sin que nada me detuviera ¡zaz!, no me lo comí, ¡me lo tragué!

Casi inmediatamente me arrepentí, pero era muy tarde, nunca había sentido algo atragantado. Literalmente lo tenía trancado entre pecho y espalda.

El bendito rollito que se convirtió en tremendo rollote. Ni me subía, ni me bajaba. En mi desesperación, mi hija me daba por la espalda, mientras mi esposo llamaba al doctor.

El médico recomendó que me indujera el vómito hasta que me saliera el pedazo que tenía atravesado. Después de varios intentos finalmente logré sacarlo de mi cuerpo. Me senté en el piso para descansar de tan horrible odisea y sobre todo pude respirar aliviada. Después de la traumática experiencia, empecé a tener más cuidado con lo que me llevaba a la boca y sobre todo a masticar lentamente y muchas veces. En cuanto a los efectos secundarios, me dieron todos o casi todos. Padecí de insomnio, el periodo menstrual se me desapareció por tres meses, se me cayó el cabello y para colmo dos meses después de operada me pesé y había subido tres kilos. Ese día casi me muero de desilusión, me puse a llorar sentada en la cama. Me preguntaba "¿Por qué a mí?". Todo el mundo adelgaza y yo engordo. A todos les sirve la operación y a mí no. No puede ser.

Con todas esas dudas las llamadas al médico eran cada vez más frecuentes. Gracias a Dios que él siempre nos atendía. Lo llamábamos para todo. Él siempre estaba de buen humor y dispuesto a respondernos todo lo que le preguntábamos. Nos atendía con cariño y paciencia.

Ese día cuando le dije entre lágrimas lo que me estaba pasando me dijo que todo eso era normal que sucediera; cada persona reacciona diferente. Probablemente estaba reteniendo líquido y con el retraso menstrual era muy probable que pesara un poco más. Luego me dijo las palabras mágicas:

- No te preocupes, seguro vas a bajar de peso. Debes tener paciencia, mucha paciencia, recuerda que todo es nuevo para tu cuerpo y para tu mente.

Con el transcurso del tiempo, la recuperación se va transformando en aprendizaje y de la mano de mi esposo y mi doctorcito se fue haciendo más llevadera. Fui aprendiendo que muchas veces la falta de agua se confunde con hambre. Cuando tenía insomnio me comía algo ligero y bajo en azúcar, como gelatina, helado de hielo o yogurt.

Comencé a estudiar mis síntomas. El cuerpo se pone en huelga porque está molesto, ya que no recibe la misma cantidad de comida que estaba acostumbrado y por eso se resiste a bajar y a portarse bien. Así fue como lo entendí. Con el tiempo empecé a regularizarme. Me vino el periodo y empecé a dormir un poco más. Al principio, la pérdida de peso fue muy lenta, pero con el paso del tiempo, como por arte de magia, empecé a bajar a una velocidad increíble. Si me ponía un pantalón un lunes, la semana siguiente me lo media y ya me quedaba holgado. Llegué a bajar 60 kilos en menos de un año. El medico estaba asombrado ya que por naturaleza las mujeres no bajamos esa cantidad.

Así fue que hice mi sueño realidad, Dios escuchó mis suplicas, para que mi cuerpo y yo estuviéramos felices. Llegué a mi peso ideal y por mucho tiempo me quedé en ese peso, cosa que antes era imposible.

Después de cinco años de haberme operado, mi cuerpo comenzó a subir entre cuatro y cinco kilos cada año. Sin embargo, así como los subía, los bajaba. Era como un milagro.

Escribo este libro después de doce años de operada y les doy gracias eternas a Dios y a mi doctorcito-ángel que me hayan dado la oportunidad de vivir, feliz, en un cuerpo más sano. Cada vez que me preguntan si valió la pena operarme, respondo con certeza que sí.

Lo afirmo con lágrimas de felicidad. Como en cualquier cirugía, siempre se corren riesgos y hay que asumirlos con responsabilidad. La decisión siempre es tuya.

¡Cómo han pasado los años!

Ha pasado mucho tiempo desde que me operé y cuando me preguntan si fue fácil respondo que no lo fue y que todavía estoy adaptándome. Es un aprendizaje continuo y todavía lucho por cambiar ciertos hábitos que están muy arraigados en mi mente. Sin embargo, operarme fue un paso difícil pero muy beneficioso para mí. A estas alturas de mi vida reconozco que ir de la mano de un nutricionista, un entrenador o un masajista, facilita el mantenimiento y mejora mi salud física y mental. Con ellos me mantengo en forma y ya no siento que es un sacrificio hacerlo.

La decisión para cambiar un estilo de vida es muy personal. He conocido personas que sin operarse, bajo la supervisión de un nutricionista, cambiando su alimentación y haciendo ejercicios logran bajar de peso y con eso llegan a la meta deseada. Esas personas tienen mi respeto y admiración. Sé que sin fuerza de voluntad, disciplina y constancia no habrían podido lograrlo.

Para finalizar, quiero darte las gracias por dejarme entrar en tu vida, para contarte la mía. Estoy agradecida por el día de hoy y por el mañana que ha de venir, mi alma se siente ligera después de compartir contigo, querido lector, la intimidad de *Mis Gordas Memorias Gordas*.

Aprendí que:

Cada quien debe vivir su vida de la forma más feliz que pueda.

Cualquier condición y vivencia, por más difícil o dura que sea, es un regalo de Dios.

La vida es un regalo y lo poco o lo mucho que tenemos, siempre es suficiente.

Cada día es una bendición.

Estar satisfecho con lo que eres te hace ser tú mismo y eso es lo que vale.

Que la paz y la tranquilidad es encontrar el equilibrio entre tu cuerpo y tu alma.

MARY VIVAS

Acerca de la autora

Mary Vivas es una interlocutora fascinante, que para todo tiene un cuento y de la nada te hace una historia. Tanto así que debes tener cuidado al contarle algo, porque ella podría convertirlo en tema para un próximo libro. Desde pequeña solía memorizar los dichos de su abuela y tenía la sabiduría para aplicarlos a la vida diaria; factores que la llevaron a desarrollar el don de la narrativa y más tarde a desear convertirse en escritora.

Seguidora fiel de famosos escritores como Isabel Allende, ya a los once años de edad Mary Vivas escribía poemas, capturaba en las estampas de la vida cotidiana temas para posibles historias y hasta compuso una canción para la coral de la iglesia. En fin, era una niña creativa y llena de sueños.

Aunque de joven obtuvo su título de Técnico Superior en Publicidad y Mercadeo, en el Instituto Superior Universitario de Mercadotecnia (ISUM) de Caracas y después en Estados Unidos emprendió sus propios proyectos empresariales, así como en el mundo inmobiliario, donde ejerció como agente de bienes raíces, nunca abandonó la lectura y mucho menos la escritura, escribiendo poemas, canciones o cuentos que guardaba para sí.

Hace diez años escribió su primer libro, el cual pensó que era difícil publicar por lo que no fue sino hasta ahora que salió al mercado. Sin embargo, hoy ese libro que lleva por título *Mis Gordas Memorias Gordas* está destinado a ser leído por cientos de millares de personas en el mundo.

Ahí Mary Vivas plasma con fascinante sencillez, honestidad y hasta jocosidad su lucha contra la obesidad e indica cómo hoy por hoy mantiene un peso normal, estable y saludable, doce años después de su cirugía.

De padres venezolanos, Mary Vivas nació en Miami, Florida, Estados Unidos, el 15 de noviembre de 1960. Siendo muy pequeña sus padres se trasladaron a Venezuela, país en el que transcurrió su infancia y adolescencia. Más tarde, su vida tomó un rumbo diferente al dedicarse por completo a la familia en su rol de esposa, madre y abuela; sin embargo, nunca dejó de soñar y continuó escribiendo hasta ver sus sueños realizados, con la publicación de su primer libro.

Índice

Dedicatoria 7

Agradecimiento 9

Prólogo 11

Al rescate de lo positivo 15

Mi profesor, el burro y yo 17

La bendita dieta 19

La sorpresa de mi vestido azul 21

Una niñez anti sugar free 23

Una Celestina encubierta 25

Mi querido amigo el gordito 27

¿Cómo es que se llama esa gripe? 29

La más visible de todas las adicciones 31

Un pequeño desliz 33

Tomando sol desde la alcantarilla 35

El terror de la silla plástica 37

La casa de los vampiros 39

Con esta idea me la comí dos veces 41

Sacando provecho de las vacas flacas 45

El strech o estrés de mi talla 47

Llenos de amor 49

Un, dos, tres a comer otra vez 51

En esta vida sí te alimento 53

La odisea íntima En un viaje de 135 kilos 55

¡Qué rico comerpor dos! 67

Cuando buscar empleo es un trabajo de peso 71

Una extensión, por favor 73

Dos equipajes con peso 75

Dos taxis para uno 79

Zapatos y carteras: Una compra que no estresa 81

Un gordito querendón 83

¿Quién quiere bailar conmigo? 85

Se me olvidó tu nombre 89

Tragada por una culebra de hierro y metal 91

La dieta de moda	**95**
Hábito para el buen vivir	**99**
Mi dieta youtube online	**101**
Un príncipe no tan azul	**103**
Lo normal que no es normal	**105**
Pa' quedar como pollo frito	**107**
Brindemos y punto	**109**
¿Sin voluntad hacia dónde voy?	**111**
La flaca	**113**
Mi nuevo día de cumpleaños	**123**
¡Cómo han pasado los años!	**125**
Aprendí que:	**131**
Acerca de la autora	**133**

Mary Vivas

🌐 www.maryvivas.com

📷 @maryvivas.oficial   f @maryvivas.oficial

🐦 @maryvivasbooks

www.ingramcontent.com/pod-product-compliance
Lightning Source LLC
LaVergne TN
LVHW041224080426
835508LV00011B/1067